大话科学史 山姆·基恩作品集

UNREAD

冰锥外科医生

大话暗黑科学史

Murder, Fraud, Sabotage, Piracy,
and Other Dastardly Deeds Perpetuated
in the Name of Science

The
Icepick
Surgeon

Sam Kean

[美] 山姆·基恩 著

左安浦 译

北京联合出版公司
Beijing United Publishing Co., Ltd.

冰锥外科医生：大话暗黑科学史

[美]山姆·基恩 著

左安浦 译

图书在版编目（CIP）数据

冰锥外科医生：大话暗黑科学史 /（美）山姆·基恩著；左安浦译 . -- 北京：北京联合出版公司，2023.12

ISBN 978-7-5596-6938-4

Ⅰ.①冰… Ⅱ.①山… ②左… Ⅲ.①科学知识－普及读物 Ⅳ.① Z228

中国国家版本馆 CIP 数据核字 (2023) 第 092128 号

THE ICEPICK SURGEON: MURDER, FRAUD, SABOTAGE, PIRACY, AND OTHER DASTARDLY DEEDS PERPETUATED IN THE NAME OF SCIENCE

by Sam Kean

北京市版权局著作权合同登记号 图字:01-2023-2478 号

出 品 人	赵红仕
选题策划	联合天际·边建强
责任编辑	夏应鹏
特约编辑	姜 文　张锡鹏
美术编辑	梁全新　程 阁
封面设计	@ 吾然设计工作室

未读 ADR 探索家

出　版	北京联合出版公司 北京市西城区德外大街 83 号楼 9 层 100088
发　行	未读(天津)文化传媒有限公司
印　刷	三河市冀华印务有限公司
经　销	新华书店
字　数	187 千字
开　本	710 毫米 × 1000 毫米　1/16　15.5 印张
版　次	2023 年 12 月第 1 版　2023 年 12 月第 1 次印刷
I S B N	978-7-5596-6938-4
定　价	58.00 元

关注未读好书

客服咨询

人们说是智力造就了伟大的科学家。他们错了：是品格。

——阿尔伯特·爱因斯坦（Albert Einstein）

我只能说，当一个有名望的人想做科学实验的时候，法律就会对其中许多违法的事情睁一只眼闭一只眼。

——托马斯·里弗斯博士（Dr. Thomas Rivers）

单位换算表

本书将涉及以下单位换算：

1 英寸 = 0.025 4 米

1 英尺 = 0.304 8 米

1 英里 ≈ 1 609 米

1 磅 ≈ 453.59 克

华氏度 =32 + 摄氏度 × 1.8

目 录

序言
埃及艳后的遗产

传说中，第一个不道德的科学实验是埃及艳后克利奥帕特拉（Cleopatra）设计的。

在她统治时期（前51—前30），埃及学者提出了一个问题：最早什么时候可以分辨出子宫里胎儿的性别？没有人知道，所以克利奥帕特拉招募了一些女仆来实施邪恶的计划。

这并不是女王第一次涉足医学。根据古代资料，克利奥帕特拉对其宫廷医生的工作有着浓厚的兴趣——现代历史学家也证实了这一点。她发明了一种不可靠的治疗秃头的方法：把烧焦的老鼠和烧焦的马齿制成的糊状物与熊脂、鹿髓、芦苇皮、蜂蜜混合在一起，按摩进头皮，"直到长出毛发"。希腊历史学家普鲁塔克（Plutarch）记录了一件更可怕的事：克利奥帕特拉对囚犯进行毒药实验。她最开始使用的是酊剂和化学品——可能是从植物中提取的，后来逐渐发展为有毒的动物。（她甚至让不同的毒蛇猛兽对战，想看看谁会胜出。）这些知识后来派上了用场：克利奥帕特拉通过让一条角蝰咬自己的乳房来自杀。据她观察，这是一种相对无痛的死法。

比起给犯人下毒，用胎儿做实验是更邪恶的事情。我们不知道克利奥帕特拉痴迷的原因——她为什么如此关心这个答案？但每当她的一个女仆被判处死刑时（显然经常发生），女王都会对她做相同的事情。首先，为了防止女仆已经怀孕，女王强迫她吞下一种已知的有毒物质，一种可以净化子宫的"破坏性血清"。子宫清理完毕后，女王会让一个男仆强行使该女仆怀孕。最后，在某个预定的时间，她剖开女仆的肚子，把里面的胎儿掏出来。关于结果有很多种说法，但据说克利奥帕特拉可以在受孕后的第41天分辨出是男孩还是女孩——从而证明性别分化从很早就开始了。总的来说，她认为这个实验是成功的。

关于这个恐怖事件，唯一的历史记载来自《塔木德》。从表面上看，这些记载很可疑。克利奥帕特拉有许多敌人，他们在宣传时将她妖魔化——很难想出比这个更有效的故事了。此外，根据现代医生所了解的情况，上述结果根本说不通。受孕6周后，胎儿有了眼睛、鼻子和手指们的小凸起，但身长只有半英寸，而且没有生殖器，所以不可能区分性别。（生殖器在第9周时形成，这时胎儿有两英寸长。）因此，即使不考虑诋毁的问题，克利奥帕特拉是否做过这个实验也很值得怀疑。

但无论是不是传说，许多人都相信这个故事——这说明了一些重要问题。克利奥帕特拉很强大，也很遭人恨，这个可怕而生动的故事抓住了人们的喜好。人们预设暴君会做出这样恐怖的事情。除此之外，故事的其他部分也很真实。它潜藏着一种原型，一种当时就能辨认出来的深刻而可怕的东西——一个做事过火、痴迷过度的人。现在被称为"疯狂科学家"。

疯狂科学家的疯狂是一种奇特的现象。他们并不是在胡言乱语，也没有给你灌输疯狂的阴谋。相反，他们的思维非常有逻辑。比如，克利奥帕特拉只拿被判死刑的女仆做实验。她显然是这么想的：既然无论如何都会死，为什么不让她们发挥一点作用呢？为此，她让她们服堕胎药，以确保之前的怀孕不会影响结果。然后，她记录了强奸授精的确切日期，以确定她的答案是在哪天。

如果仅仅把这当成一项实验，克利奥帕特拉所做的一切都是正确的。

当然，从其他任何标准来看，克利奥帕特拉所做的事情都毫无正确性可言。她太过痴迷、太过盲目，以至于抛弃了所有的体面和同情——无视血腥和痛苦的尖叫，不计代价地向前推进。疯狂科学家之所以疯狂，并不是因为缺乏逻辑、理性和科学敏锐，而是因为他们把科学做得**太过头**，没有考虑人性。

引言

在我们的社会里，科学家是好人，通常是。他们冷静而聪明，理性而清醒，从容地剖析我们的周围世界。但埃及艳后的故事已经揭示，科学家有时会陷入痴迷。他们把事情翻个底朝天，把高尚的追求变得扭曲、黑暗。在这个魔咒下，知识并非全部，而是唯一。

本书探讨的问题是，是什么驱使男男女女以科学的名义越界，犯下种种罪行。每一章都专门讨论了一种不同的犯罪——欺诈、谋杀、破坏、盗墓等，是犯罪艺术的全面巡览。诚然，有些故事是恶趣味的——谁不喜欢精彩的海盗故事？谁不喜欢有趣的复仇传说？但其他故事在几个世纪后仍然让我们感到不安。而且，虽然一些事件在当时的小报头条上引人注目，轰动一时，但它们在历史上被忽略了，或者随着时间的流逝而消失。本书重现了这些故事，并剖析了促使人们打破最终禁忌的原因。

关于科学的运作方式，这些故事也提出了一些令人惊讶的观点。我们都知道"发现"通常是如何产生的。有人在自然界中观察到奇怪的事件，或者对某些过程或粒子行为有灵光一现的想法，然后通过做实验或实地调查来验证自己的猜想。幸运的话，事情就会很顺利。但在更多时候，会面临很多挫折：实验失败，资金被抽走，守旧的同事拒绝接受新结果。最后，经过不懈努力，压倒性的证据变得不容忽视，反对的声音也随之消失。科学家从知识的荒野中归来，被誉为天才。出现了新的医疗方法或高科技材料，甚至可能洞察生命的起源或宇宙的命运，整个世界都因此受益。

这项事业需要能忍受此种考验的人，需要有耐心和牺牲精神的人。这就是为什么我们的社会像敬重英雄一样敬重科学家。但是，科学不只是一连串的孤立的"尤里卡"[1]。和社会的其余部分一样，科学如今也面临着道德上的清算，而且人们比以往任何时候都更加重视从道德上理解科学中的善与恶以及善恶之间转换的路径。科学也有自己的罪过。

更令人惊讶的是，人们意识到，有悖道德的科学实际上就是坏科学——在道德上可疑的研究往往在科学上也可疑。乍一看，这可能很奇怪。毕竟，人们常说，知识是中立的——是人类的应用使知识有了善恶。但科学也是一种公共活动——其结果需要被其他人检查、验证和接受，人类直接参与其中。本书中的许多故事已经表明：无视人类关怀或践踏人权的科学，始终无法达到它应有的效果。在最好的情况下，这样的研究只是打扰了科学家，在纷争中浪费了他们的时间和精力；而在最坏的情况下，它破坏了科学所需的文化自由和政治自由。对人类的伤害和背叛，反过来也伤害和背叛了科学。

因此，这些故事不仅仅具有学术或传记的意义。科学恶棍只有在很少的情况下才会完全成形，就像雅典娜从宙斯的头颅中诞生一样。在大多数情况下，道德会慢慢地被侵蚀，人们会痛苦地一步步变坏。通过理解这些科学家在做什么，以及为什么他们认为自己是合理的，我们可以在现代研究中发现同样可疑的推理，甚至可以防范可能出现的问题。事实上，剖析堕落行为让我们有

1　原文"eureka"，意思是"我发现了"，用于表达发现真相时的感叹。——译者

了学习如何打消作恶冲动的**机会**，引导我们迈向更好的目标。

基于同样的思路，本书的许多故事都深入探讨了这些扭曲行为背后的心理动机。有科学头脑的罪犯是怎样的？他们与普通罪犯有什么不同？他们的智慧以及关于世界的先进知识如何助长了他们的不法行为？例如，第四章研究了哈佛大学的一起耸人听闻的谋杀案，一个医学教授利用自己的解剖学知识，杀死并肢解了一位大学理事。（他因此成为史上第二个因犯罪而被处决的哈佛校友。）许多人预设聪明的人更加文明、更有道德，但事实有时候恰好相反。

最后，科学家如何向自己和他人辩解自己的罪过呢？心理学家已经发现了科研人员用于合理化自身行为并减少内疚的几个技巧——关于"好科学家为什么干坏事"的基础读物。首先，当科学家感到实现目标的压力过大时，他们更有可能越过道德底线。科学恶棍用委婉语来掩饰他们的行为，甚至对自己也是如此。或者他们进行了复杂的心算，用他们过去所做的好事以某种方式"抵消了"现在造成的伤害。

科学家似乎特别容易有"井蛙之见"。显然，科学需要高度集中，"井蛙之见"是这种集中的必然结果。他们沉浸于自己的研究，有些人无法转换这种视角，把生命中的一切，包括道德，都寄托在对目标的追求中。在这种情况下，他们可能永远不会思考一个项目是否道德。第二章讲述了17世纪和18世纪欧洲许多开创性的科学家——包括艾萨克·牛顿（Isaac Newton）和卡尔·林奈（Carl Linnaeus）这样的科学巨匠——如何利用跨大西洋的奴隶贸易来搜集资料，以及收集来自远方的标本。只要有源源不断的数据资料，他们中很少有人会去审视自己参与奴隶制的行为。

还有一些情况下，伦理被颠倒了。相比于政治，科学似乎更纯粹。关于这一点，我们只需要想一想所有我们借助科学而摆脱的痛苦，想一想所有拯救生命的药物和节省劳力的技术。科学家有理由为这一成就感到自豪。但许多人很容易落入"科学即善"的陷阱。在这种世界观中，凡是能促进科学研究的东西都被认为是积极的。科学成为其自身的目的，也成为其自身的道德辩护。同样地，怀有宏大幻想的科学家常常落入"手段即目的"的陷阱。他们说服自己，其研究将开辟科学乌托邦，该乌托邦的幸福感将成千上万倍地抵消他们在短期内造成的痛苦。第五章指出了托马斯·爱迪生（Thomas Edison）如何落入这个陷阱，他用电折磨狗和马，从而证明他钟爱的发电系统的优越性。更糟糕的是，第七章显示，关于消除性传播疾病的研究，偶尔会通过让人感染梅毒或淋病来展开研究。这两个例子中，理由都很清楚：只需要再打碎几个鸡蛋[1]。但是，当人类为了科学进步而牺牲道德时，往往两样都得不到。

除了合理化，还有一个问题使科学犯罪变得独特。普通人犯罪是为了金钱、权力或其他肮脏的东西。只有科学家是为了数据——为了增进对世界的理解。的确，本书详述的许多罪行是复杂的、有多重动机的，人类是混乱的。但最重要的是，这些犯罪源自浮士德[2]式的对知识的渴望。例如，由于社会对解剖人体的禁忌，19世纪的许多解剖学家开始付钱给"盗尸者"，让他们为其盗墓。为了获得梦寐以求的知识，戴上黑帽子是唯一的途径。一些解剖学家甚至亲自盗墓，或从杀人犯手中获得尸体。他们非常痴迷于自己的研究，完全顾不上别的事情，人性也在这个过程中被腐蚀了。

这些故事也不只是可怕的古老传说，沾满灰尘并用来吓唬学

1　英语谚语"you've got to crack a few eggs to make an omelette"，意思是必须打碎几个鸡蛋才能做煎蛋卷。换句话说，为了有所成就，一些牺牲和错误是不可避免的。——译者
2　浮士德，歌德作品中的人物，为了追求知识和权力，与魔鬼做交易，出卖了自己的灵魂。——译者

生的工具——现代科学仍然在清算其后果。以上述基于奴隶制的研究为例，许多通过奴隶贸易收集的标本是现在著名博物馆的核心，至今仍陈列在展架上。如果没有奴隶制，就不会有这些博物馆，这意味着科学和奴隶制在几个世纪后仍然交织在一起。或者想一想纳粹医生在"二战"期间对囚犯做的实验。例如，把人丢进冰水桶里研究失温。这非常野蛮，常常会使受害者伤残或死亡。但即使到了今天，在某些情况下，要拯救处于极端情况下的人们，这些研究是我们拥有的唯一真实的资料。那么，从道德上我们应该怎么做？置之不理，还是使用这些数据？哪种结果是对受害者的最大尊重？在作恶者死后很久，邪恶仍然可以在科学领域肆虐。

除了挖掘历史，本书还包含了几个现代故事，有些活着的人还记得它们。本书的附录还展望了关于犯罪的"引人入胜"的未来。在未来的几个世纪，科学家将犯下怎样的黑暗罪行？在某些情况下，比如当我们"殖民"火星或其他星球时出现的犯罪，我们可以通过回顾极地探险中的犯罪来预测会发生什么——在那里，荒凉的地貌以及纯粹的生存斗争使人们疯狂。还有一些不存在先例的情况。当我们家里都有了可编程的机器人伙伴，或者当廉价的、无处不在的基因工程充斥世界时，会出现怎样的新型犯罪？

总的来说，本书融合了科学发现的戏剧性与真实犯罪故事的刺激性。这些故事的范围是从17世纪的科学曙光到未来的高科技重罪，涵盖了全球的各个角落。如果我们对自己诚实，那么我们都曾掉进过痴迷的兔子洞[1]，或者为了追求梦寐以求的东西而违背原则。但是，我们中很少有人像本书中的坏人一样被彻底腐蚀。我们倾向于认为科学是进步的，是造福世界的力量。而且它通常如此。通常。

---

1 兔子洞的比喻来自英国作家刘易斯·卡罗尔（Lewis Carroll）的《爱丽斯漫游奇境》（*Alice's Adventures in Wonderland*），书中爱丽斯的冒险从兔子洞开始。——译者

第一章

海盗

海盗生物学家

法官敲法槌的时候，威廉·丹皮尔（William Dampier）羞耻地低下了头。他是那个时代最著名的科学家，现在却成了被定罪的重刑犯。

　　那是1702年6月，由于是一场海军审判，法庭设在一艘船的甲板上，暴露在海风中。所有人都知道，对丹皮尔的大多数指控不可能成立。谋杀指控站不住脚，指控他是不称职的航海家则非常可笑：他是当时最好的航海家，也是风、洋流和天气方面的世界级专家。但随着审判的进行，丹皮尔——头发长而柔软，满脸哀愁，眼睛浮肿——感觉法庭已经决定要因为某件事而惩罚他。事实的确如此：法官发现他在最近一次航行中用手杖打了他的副手，罪名成立，并宣布他"不适合担任女王陛下任何船只的指挥官"。他被罚了3年工资，并且被海军开除。

　　丹皮尔跟跟跄跄地走下了船，心灰意冷，痛苦不堪。他怎么会沦落到如此地步？他是当时最伟大的博物学家，就连查尔斯·达尔文（Charles Darwin）后来都自称是他的追随者。丹皮尔引人入胜的游记后来还影响了《鲁滨孙漂流记》（Robinson Crusoe）和《格列佛游记》（Gulliver's Travels）。然而，无论他取得了怎样的成就，威廉·丹皮尔在当权者眼里终究做了有罪的事。毫无疑问，他是杰出的科学家和航海家，但在成年后的大部分时间里，他也是海盗。

　　由于他的贫穷和他对生物学的痴迷，丹皮尔沦为海盗似乎是不可避免的。他14岁时成了孤儿，出海游历了爪哇岛和纽芬兰岛，之后在海军服役，过着并不愉快的生活。1674年4月，22岁的丹皮尔最终航行到加勒比地区。经历了许多事情之后，他在墨西哥东部的坎佩切湾定居下来，以砍伐洋苏木为生。洋苏木是一种粗大的乔木，其木浆可以制成鲜艳的猩红色染料。丹皮尔后来形容他的伐木工伙伴是一群杂牌军，喜欢"在一起狂欢、放炮，长达三四天……他们无法在任何政府的领导下安顿自己，只能继续作恶"。丹皮尔虽然也在狂欢，但在坎佩切湾进行了长时间的自然徒步，看到了以前只在奇谈中听说过的生物——豪猪和树懒，蜂鸟和犰狳。对热爱博物学的人来说，这里就是天堂。

他的麻烦从1676年6月开始，当时正值绚丽的初夏时节，能在户外工作简直是一种优待。但是，当其他伐木工人沐浴在阳光下时，丹皮尔注意到风的方向发生了奇怪的变化：它"一会儿向南，一会儿向东"。这时，伐木工人注意到头顶有一大群军舰鸟。这种鸟经常跟随船只从海上到岸上，所以大多数船员认为这是个好兆头，也许补给品就要来了。但丹皮尔皱起了眉头。这群鸟的规模和强度都是希区柯克式的[1]，仿佛在逃离什么。最可怕的是当地的溪流。洪水在坎佩切湾是家常便饭，早晨，人们经常直接从床上踏入沼泽地的水潭。但那一天，主要的溪流开始神秘地后退——像被一根巨大的吸管吸住了，直到中间几乎干涸。

在这些预兆之后的两天，一团邪恶的黑云带着地狱般的气息滚滚而来。没有一个伐木工人曾想象过如此强烈的风暴。雨像大黄蜂一样刺痛他们，阻挡他们的视线，风挨个席卷他们的木屋，只剩下唯一的庇护所。人们在泥泞中跌跌撞撞地走过去，一边大

1　悬疑电影大师希区柯克经常运用特殊拍摄技巧，使画面产生收缩或膨胀的视觉效果，从而营造出扭曲、恐怖的戏剧氛围。——译者

海盗生物学家威廉·丹皮尔对查尔斯·达尔文有很大的影响，同时他也是流氓和无赖[托马斯·穆雷（Thomas Murray）绘]

声喊叫，一边争先恐后地把木桩和绳索绑在树桩上，支撑起最后的避难所。它勉强撑了下来。伐木工人浑身湿透，瑟瑟发抖，在里面蜷缩了几个小时，然后来到了一个陌生的世界。干涸的溪流再次泛滥，淹没了周围的陆地。树木到处都是，树根错综复杂，密不透风。丹皮尔和几名伐木工人设法划着剩下的独木舟来到海湾，发现一海滩肚皮朝上的死鱼。几个小时前停在海湾中的八艘船只剩下一艘，其余的都被冲到了海里。伐木工人向幸存的船只上的船员讨要食物。"但只得到了非常冷淡的招待，"丹皮尔回忆说，"没有面包，没有潘趣酒，甚至连一点儿朗姆酒都没有。"

丹皮尔对这场风暴的电影式描述是关于飓风最早的气象学叙事，这也使他一生都关注风和天气。更直接地说，这场风暴改变了他的人生轨迹。他的所有伐木设备——斧头、锯、砍刀——都被冲走了。他没有钱，因为没有工具而不可能赚到钱。因此，他后来写道："我被迫靠四处流浪来谋生。"这是委婉的说法。"四处流浪"的意思是，他成了加勒比海海盗[1]。

加勒比海海盗是海盗[2]的一个独特类别。当时，有些海盗是所谓的"私掠者"，他们在本国政府的默许下骚扰敌方船只。英国私掠者通常专注于西班牙船只，加勒比地区的许多英国人家里都用丝绸、锡器和光滑的雕花椅子来装饰，这些东西原本是运往巴塞罗那或马德里的。私掠者尽管不体面，但还可以容忍。加勒比海海盗未经许可袭击他人，就是单纯的犯罪，会受到本国政府和敌人的一致鄙视。丹皮尔加入的海盗团是最下等的那种，因为他们不攻击载满奢侈品的船只，而是袭击可怜的沿海营地，偷窃那些比他们好不了多少的人。

我们不知道丹皮尔在袭击中到底做了什么，因为他在日记中省略了大部分细节，也许是出于尴尬。他还经常因为博物学而分心。例如，在描述韦拉克鲁斯的一场袭击时，他只用了几个词就一笔带过十几名同伴的死，并直接略过了袭击失败的事实：居民们一看到海盗就带着贵重物品逃走了，因此没有得到任何战利品。相反，丹皮尔强调了留下的几十只笼中鹦鹉，他和其他人把这些

1　在英文中，pirate、privateer 和 buccaneer 都有海盗的意思，但各有侧重。"pirate"（海盗）泛指所有的海上劫掠者；"privateer"（私掠者）可以说是官方许可的海盗，受政府委托进行针对别国的海上军事行动；"buccaneer"（加勒比海海盗）特指18世纪和19世纪加勒比海的私掠者（故译为"加勒比海海盗"，以示与电影《加勒比海盗》的区别）。——译者

2　17世纪末和18世纪初是海盗活动的高峰期，这是有原因的。那时欧洲几场旷日持久的战争刚刚结束，许多熟练的水手因此失业。虽然可以加入海军，但许多人对当时苛刻的规定感到不满。此外，大量财富在大洋之间流动穿梭，而在广阔的海洋上几乎无人监管，因此，海盗的兴起并不令人意外。——作者（如无说明，本书脚注均为作者注）

鹦鹉当作合法财宝装在船上。它们"有黄有红",他高兴地说:"粗略地混在一起,叫声非常悦耳。"没有战利品也没关系——鹦鹉对他来说已经足够珍贵了。

丹皮尔最终在1678年8月回到英国,与一名叫朱迪思(Judith)的女子缔结了神秘的婚姻关系,朱迪思是公爵夫人的侍女。为了改邪归正,丹皮尔用她的嫁妆购买了一些货物,并在1679年1月再次航行到加勒比地区进行交易,并向他的新娘承诺会在一年内回来。他食言了。到达加勒比地区几个月后,他陪同一些船员到尼加拉瓜进行贸易,船员在牙买加的一座城市停了下来,该城市是底层人最喜欢去的地方。丹皮尔后来声称,当船员们决定在那里开始与海盗为伍,转而从事海盗活动时,他感到震惊——震惊!事实上,一些历史学家认为,丹皮尔很清楚他会在牙买加遇到海盗,他去那里有很明确的目的:回到公海。

他这样做有几个原因。首先,和历史上的所有人一样,丹皮尔渴望发财,他的海盗团总是有机会偶然发现一艘载满金币的西班牙大帆船,从而发一笔大财。但更深层的原因是,丹皮尔无法忘却坎佩切湾的一切——在树林中的漫游,异国情调的动植物,整日沉浸在大自然中。成为海盗是让他重温这种感觉的唯一方法。的确,海盗也是个肮脏的行业,充斥着攻击和谋杀。多年来,丹皮尔目睹了牧师被刺伤,囚犯被扔到海里,印第安土著被用步枪射杀或被严刑拷问。没有理由认为丹皮尔能置身事外或对自己的参与感到不安。但坎佩切湾唤起了他对博物学的热情,这种热情几乎达到了激情的程度。无论他多么后悔成为加勒比海海盗,事实证明,他非常强烈地渴望去看看新的海岸、新的天空以及新的动植物。正如他回忆道,无论在哪里结束,他都"非常满意","最重要的是,我知道自己走得越远,得到的知识和经验就越多"。

丹皮尔作为一名领航员加入了牙买加海盗团，随后的航行是一次漫无边际的冒险，涉及几个不同的海盗团与船只，无法简单地概括。他们开始袭击巴拿马的城市，然后航行到弗吉尼亚，丹皮尔在那里被逮捕，原因不明，他只提到有些"麻烦"。然后就到了南美洲的太平洋沿岸，包括加拉帕戈斯群岛。

每隔一段时间，船员就会有一次不错的收获：宝石、丝绸、肉桂或麝香。有一次他们夺取了8吨柑橘酱。更常见的情况是，大帆船会在公海上甩掉他们，他们就溜到另一个港口试试。或者，他们会持续对一个沿海城镇进行漫长而徒劳的围攻，最后才知道居民们在海盗的眼皮子底下带走了自己的财物，让海盗空手而归。

据丹皮尔回忆，他们在南美洲并没有发财，"除了疲劳、艰辛和损失，我们几乎什么都没遇到……"。他们有时不得不喝"发臭的岩石洞"里的"含铜的或含铝的"水，他们在户外度过了许多个夜晚，只有"冰冷的地面做床褥，闪光的天空做被子"。有一次，在一场猛烈的风暴中，人们不想冒险升帆，丹皮尔和一个伙伴必须爬上索具，撑开大衣来操纵船只。

船员们希望获得好运气，他们最终启程前往关岛，这是一段令人望而生畏的旅程，茫茫7000多英里，单调乏味。51天后，他们步履蹒跚地上岸，几乎饿死了。丹皮尔后来得知，如果事情再继续下去，船员们就会密谋杀死并吃掉船长及船副，也包括他。（船长非常幽默地接受了这个消息。他转向领航员笑着说："哈哈，丹皮尔，你会成为他们的一顿可怜的晚餐！"丹皮尔解释："因为我很清瘦，而船长健壮多肉。"）从关岛出发，船员们游历了中

丹皮尔和他的船员在前往印度尼西亚的途中遭遇暴风雨，差点淹死［卡斯帕·路易肯（Caspar Luiken）雕刻］

国和越南，丹皮尔后来成为第一个踏足澳大利亚的英国人。除了研究每个地方的动植物，丹皮尔还利用在公海上的时间研究风和洋流，逐渐成为一流的航海家。就连鄙视丹皮尔的人也不得不承认，他拥有一种近乎超自然的能力，能通过风向和洋流来寻找视线之外的陆地。

在这些航程中，丹皮尔多次换船，加入不同的海盗团。这些变化有时很和睦，并没有摩擦。丹皮尔只是想去新的地方，而且他认为："凡是我以前没有到过的地方，去看看总是不会有错的。"在另一些情况下，丹皮尔不得不在痛苦中逃离专制的船长，有一次是在夜深人静时从舷窗中挤出来的。在这样的逃亡过程中，他通常只携带一样东西，也是他认为的世界上最有价值的东西——他的博物学笔记。

事实证明，他在南太平洋的最后一次逃生非常惊险。由于渴望回家，他和几个伙伴（包括4名印度尼西亚囚犯）溜到一座岛上，在那里找到了一艘独木舟。在第一次为自由而战时，他们的船翻了，丹皮尔花了3天时间在火上一页页地烘干他的笔记。在第二次尝试中，他们陷入了一场风暴，并在接下来的6天不停在公海上挥舞着桨祈祷。丹皮尔回忆道："大海已经在我们身边泛起了白色泡沫……我们的小方舟面临着被随便一个浪头吞没的风险。"最糟糕的是，他已经很多年没有忏悔过，许多无以名状的罪过压在他的灵魂上。"我非常悲伤地反思……现在我怀着恐惧和厌恶的心情回顾我以前不喜欢，但现在想起来就会发抖的行为。"最终，他们奇迹般地到达了苏门答腊岛，丹皮尔直接晕倒在岸上，花了6周时间才恢复体力。他搭了几艘船辗转回家，并于1691年9月抵达伦敦，这距离他向妻子承诺的12个月内回来已经过去了十几年。

作为侍女，朱迪思有自己的生活，没有那个无赖的丈夫也能活得很好。但是，这个海盗现在必须自己养活自己。由于没有其他选择（总不能在简历上写"海盗"），丹皮尔开始将自己的观察笔记整理成游记。他的日记能在航行中保留下来简直是个奇迹。这些日记有几次被水泡坏，他曾经不得不把它们塞进竹筒保存起来。但他的努力得到了回报。[1]《新环球航行》（*A New Voyage Round the World*）最终在 1697 年出版，并大获成功。其中有一些关于博物学和人类学的最生动的段落。

在苏门答腊待了一段时间之后，丹皮尔首次用英语介绍了"ganga"，也就是大麻："它让一些人昏昏欲睡，让一些人兴高采烈，让一些人哈哈大笑，让一些人疯癫着迷。"他描述了菲律宾对 12 岁儿童进行的大规模割礼，以及"他们在割礼后的两个星期内都是叉开坐的"。他也介绍了波利尼西亚的文身和中国的缠足（他谴责这种做法只是男人的"计谋"，目的是让妇女步履蹒跚地待在家里）。在听完西印度群岛的一个当地传说后，他一口气吃了 12 个泡菜梨，并高兴地发现它们真的可以使尿液变成红色。《牛津英语词典》中有近千条引文可以追溯到他的著作，他将几十个词引入英语，包括 banana（香蕉）、posse（武装队）、smugglers（走私者）、tortilla（玉米饼）、avocado（鳄梨）、cashews（腰果）和 chopsticks（筷子）。

其中也有大量的科学内容。即使在今天，丹皮尔仍然被视为无与伦比的纯粹的自然观察者。和他的作品相比，其他关于动植物的描述似乎毫无生气，就像玻璃眼睛的标本狮子与真正的、跳跃的、咆哮的野兽相比。这种生动性部分是因为丹皮尔运用了五种感官，包括味觉。只要是他遇到过的动物，就没有他不吃的。据他所说，火烈鸟的舌头"根部有一大块脂肪，是个好东西；一盘火烈鸟舌适合放在王子的餐桌上"。他烹制了海牛肉、鬣蜥蜴汤和海龟油饺子，以及几十种离奇的菜品。如果这些都让你垂涎

1　如今，我们认为写作是理所当然的，但丹皮尔无法抓起笔就开始记。每当发现一些值得记录的东西时，他都要从甲板下的箱子里找出一支鹅毛笔，用刀子削尖，用粉末和水制成墨水，并找到一个不太黑暗也不太潮湿的地方，或没有挤满吵闹的水手的地方——所有这些只是为了写下几个字。而工作并没有结束，写完后他还要在纸上撒沙子，吸干多余的墨水，否则会有蹭脏的风险，之后再全部收起来，并祈求上天不要让害虫吃掉这些纸。写作从来都不是一件容易的事，但在那时，写作是一项**苦差事**。

三尺，那么，丹皮尔也能很快就让你胃口全无。在一个令人作呕的章节中，他把自己腿上的虫囊弄破了，一点点地把黏糊糊的吸盘抽出来。他还详细介绍了——我提前向你道歉——英国文学史上最史诗级的腹泻之一。他的腹泻开始于寻求发烧治疗之后，当时有人说服他用当地的"药物"清洗肠道。这是个坏主意。他在一年内断断续续地发作，有时一口气要排便30次，直到几乎排不出任何东西。田野调查从来都不是光鲜迷人的。

丹皮尔有一个关于鳄鱼袭击的经典故事。他用一段话作为开场白，指出了鳄鱼与短吻鳄之间的区别。在那个时代，大多数学者仍然将鲸和鱼类混为一谈，因此能准确区分二者是一种难得的能力，而且在今天的爬行动物学教材中也不会显得突兀。然后情况发生了变化，没有任何过渡，丹皮尔就开始讲述在坎佩切湾的一次夜间狩猎探险。一个名叫丹尼尔（Daniel）的爱尔兰人被一条短吻鳄绊倒，短吻鳄猛地转过身，咬住了他的腿。他大声呼救。但丹皮尔写道，他的同伴"认为他落入了西班牙人的魔爪"，于是抛弃了他，让他一个人在黑暗中被鳄鱼咬着。

令人惊讶的是，丹尼尔保持冷静并想出了一个计划。与哺乳动物不同，爬行动物没有嘴唇，不能咀嚼，只能大口吞咽食物，所以必须把猎物拉到嘴里更深的位置。因此，当鳄鱼张开双颌时，丹尼尔向前冲去，把步枪卡在里面代替他的腿。鳄鱼上当了，它把枪拉近，准备吞掉枪，此时丹尼尔慌忙后退。

在肾上腺素的刺激下，他拖着自己爬到一棵树上，再次发出求救的呼喊。他的同伴意识到附近没有西班牙人，于是带着火把返回，把鳄鱼赶走了。事后，丹皮尔称，丹尼尔"情况很糟糕，无法站立，他的膝盖被鳄鱼的牙齿撕破了。第二天他的枪被发现了……枪的末端有两个大洞，每端一个，深近1英寸"。总而言之，这个故事是典型的丹皮尔故事——博学、细致，同时令人毛骨悚然。

　　一些历史学家认为，《新环球航行》开创了游历写作的流派，在该书出版后，丹皮尔收到了著名的伦敦皇家学会——世界上最重要的科学俱乐部——的演讲邀请。对加勒比海海盗来说，这还不错。他还与几名杰出的政治家共进晚餐，包括日记作者塞缪尔·皮普斯（Samuel Pepys）。大人物们当然想谈谈博物学，当他们知道餐桌上有一个真正的海盗时，其中一些人无疑感到非常兴奋。

　　在公众的强烈要求下，丹皮尔于1699年出版了《新环球航行》的续篇。其中包括他著名的文章《论风》（"Discourse on Winds"），后来的詹姆斯·库克（James Cook）和霍雷肖·纳尔逊（Horatio Nelson）等船长认为这是他们读过的最好的实用航海指南。这篇文章也大大推动了对风和洋流的科学研究。丹皮尔的两个同时代人物——艾萨克·牛顿和埃德蒙·哈雷（Edmond Halley，彗星以他命名），很快就分别发表了关于潮汐和暴风雨起源的论文。随后，丹皮尔的文章确定了风和洋流的来源。于是，这三位科学家一举解开了海洋与全球水循环运动的古老谜团。我们通常不会把海盗与哈雷或艾萨克爵士放在一起，但丹皮尔在这个领域与他们不相上下。

　　奇怪的是，丹皮尔并没有在英国看到他的第二本书出版。实际上，他也没有从第一本书中赚到多少钱，一部分是因为当时还没有版权法，盗版者瓜分了这本书的大部分利润——很讽刺。丹皮尔仍然需要以某种方式谋生。而且，他急切地想摆脱海盗的身份，把自己重新塑造为受人尊敬的科学家。因此，伦敦皇家学会主席把丹皮尔介绍给英国海军大臣，后者给了他一个机会，让他担任"罗巴克号"（大臣自己的船只）的船长，并带领一支探险队前往新荷兰（今澳大利亚）。尽管并不是很情愿重新加入海军，但丹皮尔还是接受了。他的部分任务是在澳大利亚探寻商业机会，但主要目标是科学性的，这是历史上第一次明确的科学航行。这也是人们听说过的最崇高的想法。而由丹皮尔负责让它从一开始就成了一场灾难。

丹皮尔身上有一种梭罗[1]的气质：他是个喜欢大自然却抱怨人类同胞的乖戾之人，也有傲慢的倾向。丹皮尔曾涉足的海盗船往往有令人惊讶的民主精神。有些甚至有最基本的健康保险，损失眼睛或肢体的人能得到相应补偿。[2]然而，丹皮尔渴望与自己的过去保持距离，在"罗巴克号"上抛弃了这种情谊。他认为自己在所有事情上都比别人聪明——无论是科学问题还是其他方面。尽管他缺乏魅力和政治技巧来平息由此产生的动乱。

特别是与船副打交道。丹皮尔的副手，一位名叫乔治·费舍尔（George Fisher）的海军中尉，非常鄙视丹皮尔，认为他是海盗败类。他信誓旦旦地说丹皮尔正在密谋霸占"罗巴克号"，一旦他进入公海，就会成为私掠者。"罗巴克号"于1699年1月起航，甚至在到达第一站（加那利群岛，在此囤积白兰地和葡萄酒）之前，丹皮尔和费舍尔就开始争吵。一位目击者称，费舍尔以水手的直率方式，"非常严厉地骂了船长，让他滚蛋，说一点也不在意他"。

这种紧张局势在3月中旬演变为暴力。类似于生活中的许多

1　指《瓦尔登湖》的作者，美国作家亨利·戴维·梭罗（Henry David Thoreau），他曾离开城市，在瓦尔登湖畔过了两年隐居生活。——译者

2　海盗失去右臂可以获得600八里亚尔币（西班牙旧币名），失去左臂或右腿可以得到500币，失去左腿可以获得400币。这都是在官方文件中拟定的，海盗的识字率出奇地高（约四分之三），主要是因为他们需要读懂图表。海盗还通过投票决定下一次出海抢劫的地点（少数服从多数），其用餐时间也令人惊讶地民主。他们平等地分享所有食物，而且不同于势利的海军，船副不能占有精挑细选的食物。

麻烦，它始于一桶啤酒。按照航海的传统，每当船只首次穿越赤道时，都要开一桶酒，让船员们在酷热的天气里好好凉快凉快。而船员们很快喝完了酒，并抱怨仍然口渴难耐。他们恳求费舍尔再开一桶。费舍尔没有按照海军的规定征求丹皮尔的意见，而是私自同意了。

这不能说是叛变，但丹皮尔已经十分烦躁：有传言说，费舍尔打算把他扔到海里喂鲨鱼。而这种对他权威的蓄意破坏，打碎了丹皮尔仅存的一丝克制。看到第二桶酒后，他抓起手杖，找到开酒桶的工人，敲了他的头。然后他转向费舍尔，质问他为什么允许这样做。费舍尔还没有来得及回答，丹皮尔就用棍子把他打得血肉模糊。然后他给费舍尔戴上脚镣，把他关在上锁的小屋里两周。费舍尔甚至不能去上厕所，只能在自己的污秽中煎熬。当船到达巴西海岸的巴伊亚州时，丹皮尔逮捕了他的中尉，把他关进监狱，不给他食物。

然而，如果丹皮尔觉得自己已经在权力斗争中胜出，那他就错了。牢门关上的那一刻，费舍尔爬上窗户，开始对街上的路人大喊，谴责对他的监禁，全方位地诽谤丹皮尔。他后来写信给英国当局，揭露这个海盗科学家是个暴君。费舍尔清醒时满脑子想的都是摧毁丹皮尔。

相反，丹皮尔处理此事的方法是埋头研究博物学。当费舍尔在谋划时，丹皮尔已经消失在巴伊亚州附近的灌木丛中，记下了关于靛蓝、椰子和热带鸟类的笔记。在这次徒步旅行中，有一项观察具有特别的历史意义。在观察了不同地点的"长脚鸡"群后，丹皮尔意识到每个种群都是不同的，但没有哪个种群足够独特到形成一个物种。存在变异的连续性。所以他创造了一个新词——"亚种"（sub-species）——来描述这种状态。这个见解似乎很不起眼，但丹皮尔正在探索一个关于自然界的变异、关于物种之间的关系的新想法，该想法后来由他的仰慕者查尔斯·达尔文在《物种起源》（*On the Origin of Species*）中提出。

巴西的宗教裁判所最终制止了丹皮尔的徒步旅行。他们不愿意看到一个新教海盗四处游荡和记笔记，而且有传言说教会计划逮捕甚至毒死他。也许是担心最终会被锁在副手身边，丹皮尔匆匆出海。他还安排把费舍尔运回英国，毫无疑问，他认为将有一场针对不服从命令的羞辱性审判。而丹皮尔只对了一半，会有一场审判，也会有很多羞辱，但不是针对费舍尔。

由于费舍尔的离去，"罗巴克号"上的紧张气氛有所缓和，到8月中旬，船员们抵达了澳大利亚西部，在鲨鱼湾闪亮的白色海滩上登陆。在接下来的几周里，他们观察了大洋洲野狗、海蛇、座头鲸等，这是他们科学活动的辉煌开始。

但好运没有维持下去。西澳大利亚荒凉干旱，虽然"罗巴克号"在沿海地区搜索，但没有发现任何淡水。水手们很快就渴得不行了，于是试图接近一些土著人，他们认为这些人有找到水的诀窍。（土著人确实有方法，包括追踪鸟类和青蛙，以及砍伐树根。）但每当水手靠近时，土著人就四散而逃。因此，丹皮尔想了一个孤注一掷的计划。他和两个同伴悄悄上岸，躲在沙丘后面伏击土著人。他们的计划是绑架其中一个，强迫他把他们带到泉水边。英国人跳出来的时候，土著人又跑了，英国人追了上去——没有意识到这是个陷阱。当丹皮尔和他的同伴暴露在开阔地时，土著人轮番上阵，用长矛攻击他们。丹皮尔的一个手下被砍伤了脸，他也差点被刺死。他们发出警告的枪声，但未能把土著人击退，所以丹皮尔瞄准了目标，用手枪打伤了一个人。他很少在书中承认使用暴力，这是其中一次。[1]

丹皮尔的船员意识到他们不可能找到水，于是灰溜溜地离开了大洋洲，而事情变得更加糟糕。离开大洋洲后，丹皮尔试图通过探索新几内亚和搜集标本来挽救这次航行。但英国海军并没有把最可靠的"罗巴克号"交给他。这艘船船体漏水，并且有蛀虫，很快就变得吱吱作响，以至于丹皮尔必须掉头返回英国，而船只没有成功抵达。在南大西洋的阿森松岛岸边，"罗巴克号"发生了致命的漏水。由于担心被指责，丹皮尔试图用他能想到的所有东西堵住这个洞，包括一块牛肉和自己的睡衣，但都失败了。船员们在阿森松岛弃船，丹皮尔几乎失去了他搜集到的所有标本。这些人花了5周时间，看着其他船只在远处轻快地驶过，直到一支船队最终靠岸并救了他们。

回到伦敦的时候，丹皮尔既没有标本，也没有船只，这已经很糟糕了。但当丹皮尔于1701年8月抵达时，他发现乔治·费舍尔一直在向英国社会灌输对他不利的有害观念——用非常强烈的言辞抨击这个前海盗，以至于海军认为必须将他送上军事法庭，并在船上审判他。

丹皮尔竭力为自己辩护，召集了一些证人，他们发誓说费舍尔正在策划叛乱。丹皮尔也使出了阴招，指控费舍尔在航行中鸡奸了船上两个年轻的侍者——没有人知道真相。（海盗在某种程度上容忍同性恋，海军则不然。）费舍尔则强烈地批判丹皮尔的性格，谴责他是懦夫和恶棍。他还捏造指控，说丹皮尔把一个爱

---

1 毫无疑问，丹皮尔无法通过任何现代启蒙测试，和当时的所有人一样，他有自己的偏见。但他的传记作者称他为"不人道时代中的人道者"，这是个很好的概括。事实上，如果你花时间真正阅读他的作品，会发现最突出的是他对外国文化的包容。每当看到（对他而言）奇怪的习俗或仪式，他总是克制自己的判断，努力去理解它，而他在评判自己的同胞时要严厉得多。例如，当其他船副因为一位混血女囚的身份而不信任她作为向导时，他厌恶地翻了白眼。因此，尽管按照现代标准，这个海盗生物学家并没有被唤醒，但他似乎对自己的时代非常包容，他认识到欧洲人通常会给自己带来暴力："我认为，世界上没有任何一个民族能野蛮到杀死一个意外落入他们手中的人，或者杀死生活在他们中间的人——除非他们之前因为某种暴行或针对他们的暴力而受过伤。"

发牢骚的船员关进船舱谋杀了他，但事实上，该船员在惩罚结束后10个月才死。值得称赞的是，法官驳回了这项指控和其他指控，包括让"罗巴克号"沉没的指控。但他们不能容忍丹皮尔对同僚费舍尔的鞭打，认为丹皮尔对其副手的"非常严厉和残忍的做法"是有罪的。作为惩罚，他们禁止他指挥任何英国船只，并罚了他3年的工资。

威廉·丹皮尔试图让自己更受人尊敬，但没有任何成效。他仍然身无分文，而且现在是政府圈子的弃儿。他只剩下一个选择：这个49岁的博物学家不得不回到海盗的行列。

丹皮尔的生活和时代离我们可能很遥远，但他提出的道德问题在今天仍然很重要。首先，科学海盗并没有在18世纪结束。此外，他所做的田野调查在很多方面甚至比几个世纪前更危险。

多年来，无数博物学家在工作中死去。大多数人死于疟疾、黄热病等疾病，但也有很多人死于蛇咬、踩踏、美洲狮袭击、泥石流和意外中毒，足以写成一本书。也有科学家是被谋杀的。1942年，在乌干达研究血液传染病的英国生物学家欧内斯特·吉宾斯（Ernest Gibbins）在车里遭遇伏击，被当地战士刺死，他们确信吉宾斯为了"白人的巫术"而窃取他们的血液。警察说，吉宾斯的身体"像血淋淋的豪猪一样插满了长矛"。从那时起，随着20世纪部落战争和种族冲突的增加，以及全球武器贩运的加剧，许多地方的实地考察变得越来越危险。丹皮尔和他同时代的人有时会遇到严重的灾难，但他从来不担心被武装分子绑架并被勒索600万美元赎金——这曾经发生在20世纪90年代哥伦比亚的一位水稻科学家身上。因为这些，许多研究机构对过去那种草率的、随心所欲的田野调查的容忍度小得多。

至于科学海盗，它的性质从丹皮尔时代以来就已经发生了变化。再次强调，丹皮尔成为海盗主要是为了满足他对科学的痴迷：他没有其他手段去拜访遥远的地方。相比之下，后世科学家的工作在本质上就是犯罪，因为它涉及盗窃自然资源，即所谓的"生物海盗"。

在殖民时代，奎宁是一种令人垂涎的物品，它是一种从金鸡纳树的肉桂色树皮中提取的药物。把奎宁磨成粉末，与水一起服用，有助于防治疟疾——人类历史上最致命的疾病。（据估计，在人类历史上存活过的所有1080亿人中，蚊子传播的疾病杀死了其中整整一半，而疟疾就是其中最大的一部分。）不幸的是，虽然疟疾是世界性的灾难——非洲和印度、意大利和东南亚都有人因此死亡——但金鸡纳树只在南美洲生长。因此，欧洲国家开始派植物学家秘密前往南美洲，偷取金鸡纳树的种子。事实证明这是徒劳的。最有价值、富含奎宁的物种生长在安第斯山脉的陡峭山坡上，一年有四分之三的时间被雾气笼罩。结果，所有走私者都失败了，还有几个在尝试中丧生。

最终成功的是一位名叫曼纽尔·英克拉·马曼尼（Manuel Incra Mamani）的玻利维亚印第安人。人们对马曼尼所知甚少。关于他是印加国王后裔的说法可以肯定是假的，但他可能来自一个重视植物学知识的药师家族。不管怎么说，他可以在亚马孙徒步数周，仅以古柯叶为食。他还有一种不可思议的能力，即扫视无边无际的绿色森林树冠，从中找出几缕猩红色——金鸡纳树树叶的标志性颜色。他在1865年收获了几袋种子，然后步行了1000英里，越过寒冷的安第斯高原，把种子交给了委托他的英国人。作为报酬，他得到了500美元、两头骡子、四头驴和一把新枪。他还被指控叛国，在缺席的情况下被判处死刑。后来贪婪的英国人又把他送回丛林以获取更多种子，这时马曼尼被抓住了，罪名是走私。他被扔进监狱，没有食物和水，还遭到野蛮的殴打。两周后，他被释放了，但已经残废，无法站立。他的驴子被带走了，几天后他就死了。

历史学家仍在争论马曼尼的罪行是否合理。一方面，秘鲁和厄瓜多尔一直在囤积这种基本药物并开出离谱的价格——靠死亡牟利。此外，他们对树木的管理也很糟糕，以至于金鸡纳树在19世纪中期濒临灭绝。在马曼尼之后，几个欧洲国家利用走私的种子在亚洲建立了金鸡纳种植园，拯救了全世界数百万人的性命。（顺便提一句，在印度的英国官员把树皮当苦奎宁水服用，他们把它与酒混合在一起，使之更容易下咽。金汤力酒就这样诞生了。）另一方面，亚洲的种植园破坏并最终消灭了南美洲的本土金鸡纳产业，使那里的人变得更贫穷。鉴于金鸡纳的药用价值，一位历史学家把这种盗窃称为"史上最大的抢劫"，这并没有太夸张。这是最具剥削性的殖民主义，但它也拯救了非洲和亚洲的无数生命。

其他的生物海盗似乎更难自圆其说。工业化的一个关键成分是橡胶，它来自亚马孙地区某些原生树木的汁液。没有橡胶轮胎，就没有汽车和自行车；没有橡胶管和密封件，就不可能有现代化学和医学。如果电线没有橡胶绝缘，我们也无法拥有电。但是，橡胶一直是小众商品——直到1876年英国探险家亨利·威克姆（Henry Wickham）偷运出7万颗橡胶种子，这些种子被用在了亚洲建立的更多种植园中，从而打破了巴西对橡胶的垄断。毫无疑问，整个世界都因此受益，但偷种子制造消费品的道德性似乎比不上制造药品。其他的走私案件似乎更不道德，想想19世纪40年代在中国的苏格兰植物学家，他穿上当地的服装，剃掉前半部分的头发，把剩下的头发扎成辫子，潜入一个种植园，偷了2万株优质茶树运往印度。你很难为伯爵红茶（Earl Grey）找到人道主义的理由。

生物海盗在现代仍在继续。制药公司从毒蛇毒液和长春花植物等热带资源中开发出畅销药物，但很少有资金回流到原住民手中。在某些情况下，是这些原住民发现了这些药物的特性。也不都是富人：世界各地的普通人支撑起了庞大的外来花卉和宠物黑市。尽管犯罪者不再追逐达布隆币和八里亚尔币，但丹皮尔时代的海盗精神仍然存在。

1703年，威廉·丹皮尔终于找到了突破口。西班牙和法国之间爆发了新的战争，英国需要私掠者来骚扰敌人。因此，尽管丹皮尔被禁止指挥女王的船只，安妮女王（Queen Anne）还是召见了这个51岁的海盗。和最普通的朝臣一样，丹皮尔亲吻了女王的手，拍了王室的马屁，并很快就奉命担任"圣乔治号"的船长。

可惜"圣乔治号"的航行又是一次棘手的叛乱。丹皮尔的手下指控他收受被捕获的外国船只船长的贿赂（如银质餐具），作为交换，丹皮尔只是敷衍地搜查他们的船舱，让他们带着大部分财宝完好无损地离开。还有谣言说，丹皮尔酗酒，尽管这很难怪他。他每次都要花一整天的时间来回穿梭，在地平线上搜寻远方的船只。这实在是太无聊了，而且不同于他那个时代的海盗，丹皮尔不能扔下自己的职责，驶向某个遥远的港口。他现在有了责任，无法放纵自己的科学好奇心，因此感到痛苦。（现代研究表明，智商与酗酒密切相关，人们在感到智力受挫时会喝更多的酒。）1707年，航行结束时，丹皮尔作为船长的声誉一落千丈，他再也没有指挥过其他船只。

但无论丹皮尔是多么糟糕的船长，他仍然是一位出色的航海家，几年后他参与了一次载入文学史的私掠航行。在一次太平洋航行中，船员们开始缺水，并因坏血病而萎靡不振，于是丹皮尔带领他们驶向最近的陆地——智利附近的胡安·费尔南德斯群岛。靠岸的时候，他们惊讶地发现岸上有个多毛的两足动物，正挥舞着手臂，是个被放逐的水手，名叫亚历山大·塞尔扣克（Alexander Selkirk）。他穿着山羊皮，据一位目击者回忆，他看起来"比山羊还要野蛮"。塞尔扣克已经在岛上生活了4年4个月零4天，他抓山羊、啃野菜、用冲上岸的木桶做刀子和鱼钩，才能勉强为生。他的脚像鬣蜥皮一样坚韧，经过4年的与世隔绝，他声音嘶哑得几乎不能说话。丹皮尔的船员救了他，并成功把他带到英国。他的故事激发丹尼尔·笛福（Daniel Defoe）创作了《鲁滨孙漂流记》。

　　笛福并不是唯一从丹皮尔的生活中获得灵感的人。乔纳森·斯威夫特（Jonathan Swift）在《格列佛游记》中盗用了他的故事，塞缪尔·泰勒·柯勒律治（Samuel Taylor Coleridge）在《古舟子咏》（*The Rime of the Ancient Mariner*）中也做了同样的事情。丹皮尔最有影响力的拥趸查尔斯·达尔文，甚至在19世纪30年代的"小猎犬号"航行中带上了丹皮尔的书。达尔文认为这个海盗前辈的顽皮行为很好笑，在笔记中称他为"老丹皮尔"。更重要的是，达尔文研究了丹皮尔对物种和亚种的描述，并翻阅了他对加拉帕戈斯群岛等地的记录，以丹皮尔为向导。如果没有这个老海盗，达尔文可能永远不会成为达尔文。

　　虽然探险作家和科学家一直在原谅丹皮尔，但是后来的"乔治·费舍尔"们却更加难以容忍他。20世纪初，丹皮尔在英国的家乡计划制作纪念他的牌匾，有个家伙站出来谴责他是"应该被绞死的海盗流氓（原文如此）"。现在的批评者更是有过之无不及，他们说，无论丹皮尔的科学多么具有开创性，只看他为殖民主义开辟了道路，就是犯了反人类罪。

双方都有道理。丹皮尔既卑鄙无耻又聪明绝顶，既鼓舞人心又行为不端。他的工作几乎推动了当时存在的所有科学领域——航海学、动物学、植物学、气象学，同时他也做了一些卑鄙的事情。正如一位传记作者指出："笛福、斯威夫特等人过度地看待丹皮尔的贡献。可以说，他们把一个新时代的全部精神都归功于这个人。"

然而，这个新时代有自己的暴行需要反思——特别是奴隶制。乍一看，科学与奴隶制似乎没有什么关系。但两者都是塑造现代世界的基本力量，而且历史学家已经意识到，它们以令人不安的方式塑造了彼此。

第二章

奴役

捕蝇者的堕落

当英国人亨利·斯迈斯曼（Henry Smeathman）于1771年10月启程前往塞拉利昂时，他有充分的理由相信这会是一次胜利的探险。他当时29岁，是博物学家的最好年龄——足够成熟，有丰富的经验；足够年轻，富有冒险精神。考虑到当时所有从全球各地涌入欧洲的奇异标本——红毛猩猩和巨大甲虫，捕蝇草和"飞猫猴"（鼯鼠）——他非常相信自己能在非洲取得重大发现。

斯迈斯曼和他的助手争分夺秒，在航行中就开始收集标本。他们在甲板上铺开网，捕捉被吹到海里的蝴蝶和蝗虫。确实，在这艘名为"苍蝇号"的肮脏船只上，蚂蚁和蟑螂很快就吞噬了大部分标本。一向开朗的斯迈斯曼很快就想出了办法。他发现，把标本放在一桶已经开封的朗姆酒上就可以让气味阻止害虫。他在日记中记下了这一点，作为"对博物学家的有用提示"。

12月13日，"苍蝇号"终于抵达非洲，在洛斯群岛抛锚。这是个近海的象牙和木材贸易站，斯迈斯曼将其描述为"长满乔木和灌木的小山岛"。这本应是令人满足的时刻：结束了艰苦的航行，开始了他的科学工作。但斯迈斯曼走下跳板时紧张了起来，因为岛上不仅有奢侈品市场，这还是个满是锁链和皮鞭的地方——大西洋奴隶贸易中心。

斯迈斯曼在出发前就已经知道，奴隶制将成为他旅程的背景。他坚决反对奴隶制，在向赞助人介绍自己的旅程时，斯迈斯曼就发誓要揭露"那些鲜为人知的、被误解的黑人"的真相。但即使有这样的决心，他也没有准备好目睹奴隶制的冲击。

到洛斯群岛后，斯迈斯曼和他的同伴参观了一艘名为"非洲号"的奴隶船。斯迈斯曼在上船之前就已经受到了感官上的冲击，他写道："我们的耳朵被一定距离内的人声和锁链的叮当声所震撼……这对理智的人来说是一种难以形容的恐怖。"船上的男性奴隶被剥得一丝不挂——据说是由于健康原因；而女性奴隶只缠了腰布。斯迈斯曼看到两名妇女在混乱中给婴儿喂奶，尤其感到痛心，他说他从未见过"人的脸上有如此强烈的悲伤"。团队中的其他人一直在散步和聊天，仿佛在参观花园。但斯迈斯曼一直回头看那些母亲。他补充说："如果他们还怀有同情，如果他们的人性还没有泯灭，那他们肯定会流泪。我沉浸在无数次忧郁的思考中，很少参与谈话。"

他还遇到了"非洲号"的船长约翰·蒂特尔（John Tittle）。即使按照奴隶贩子的标准，蒂特尔也是凶狠的人，这一点导致他在几年后惨死：一天，蒂特尔的帽子掉进了港口，他命令手下的一个黑人男孩跳下去捡。男孩拒绝了，因为他害怕鲨鱼，而且不会游泳。蒂特尔把他扔了下去，男孩淹死了。如果这只是个奴隶男孩，没有人会在意。但蒂特尔谋杀的是当地酋长的儿子，酋长要求他赔偿朗姆酒。蒂特尔则送去了几个桶——里面装的不是朗姆酒，而是"从奴隶的桶里倒出来的东西"，可能包括排泄物。被激怒的酋长追捕到蒂特尔，给他戴上镣铐。然后不给他食物，把他折磨至死，而当地的村民都围在一起，高兴地叫喊——他们同样讨厌蒂特尔的废话连篇。

尽管蒂特尔有虐待狂的名声（或者正因如此），但奴隶公司很乐意把他们的"货物"交给他。按设计，"非洲号"可容纳350名奴隶，但是在斯迈斯曼参观后不久，蒂特尔就载着466个人驶向加勒比地区。其中86人在途中丧生，有男有女，还有儿童。

让斯迈斯曼松了一口气的是，他的队伍很快就离开了洛斯群岛，驶向靠近非洲大陆的邦斯岛。但他并没能远离奴隶制。邦斯岛是个奇怪的、近乎自相矛盾的地方，曾被称为一半奴隶港口，一半"乡村庄园"（附带双洞高尔夫球场）。岛上的堡垒有大炮和16英尺高的城墙，用于防范像丹皮尔那样的海盗袭击。

邦斯岛上的奴隶贩子总是渴望得到家乡的消息，所以他们扣住斯迈斯曼，不停提问。他们的穿着像典型的奴隶贩子——格子衬衫，脖子上或腰上系着黑手帕。斯迈斯曼愉快地聊了几分钟英国的情况，可当他们问到他来非洲的原因时，谈话就变味了。斯迈斯曼透露自己对博物学感兴趣，他们当着他的面大笑起来。一个奴隶贩子说："人活得越久，学到的东西就越多。现在想想，有谁会跑两三千英里来抓蝴蝶和搜集野草呢？"有人开始公然嘲笑他。

斯迈斯曼哼了一声，转身背对着他们——他安慰自己说，这些人来非洲是把妇女和儿童当成奴隶卖掉，而自己作为一名科学家，是为了增进知识，改善人类的命运。他与这些野蛮人没有任何关系。

但事实证明，这种优越感很难维持。这位年轻的博物学家来到非洲，不仅是为了追寻，也是为了逃离——逃离曾经的亨利·斯迈斯曼。曾经的斯迈斯曼是个穷光蛋，是失败的奋斗者，斯迈斯曼想把他抛弃并埋葬在英国。这次探险标志着新的斯迈斯曼以绅士博物学家的身份首次亮相。和威廉·丹皮尔一样，他相信科学是为自己创造更好生活的最佳机会。通过拒绝奴隶贩子，他也拒绝了他们的道德和卑劣的生活。

但最终，斯迈斯曼将自己改造为科学家的野心远远超过了他的道德。虽然他反对奴隶制，但奴隶制主导了塞拉利昂的经济，所以他很快就与奴隶贩子交易物资和设备。不久之后，他开始做更糟糕的事情。可以预料的是，他越是纠缠不清，就越觉得有必要为自己的贸易伙伴辩护，从而为自己辩护。这是一种教科书式的心理防御：**我是好人，绝不会与坏人来往。因此，和我来往的人不可能是坏人。**但事实证明，一旦他走上了这条合理化之路，情况比他想象的更加模糊。

在奴隶贸易的巨大暴行中，斯迈斯曼这种单个"捕蝇者"的堕落很难说是悲剧。（这是不言而喻的，但考虑到话题的重要性，有必要明确指出：受害者是非洲人，不是欧洲白人。）不过，斯迈斯曼的一生还是值得研究的，因为它揭示了大多数历史学家所忽视的早期科学的一个方面——科学与奴隶制的交织。此外，斯迈斯曼的故事揭示了奴隶制是多么容易腐蚀人的道德，哪怕是真诚的、善良的人的道德。奴隶贸易远不是一个背景，它将主导斯迈斯曼在塞拉利昂的生活。一点一滴，妥协再妥协，直到把他的道德扭曲得面目全非。

奴隶制与文明一样古老，但16世纪至19世纪的跨大西洋奴隶贸易却异常残酷。据估计，至少有1 000万非洲人在战争和袭击中被奴役，大约有一半死在前往当地港口的途中，或者死在跨洋航行中。仅凭统计数字无法反映奴隶船的残酷。男人、女人和儿童被锁在货舱里，温度很高，肮脏异常，尸体的恶臭经常让人一进去就呕吐。初学走路的孩子有时会不小心掉进装着人类排泄物的"必要桶"而被淹死。疾病肆虐，病人经常被扔到海里，从而避免其他人死亡。（事实上，鲨鱼有时会跟着奴隶船，以便轻松捕食。）奴隶也可能因为不听话而被扔去喂鲨鱼，或者受到更严重的惩罚。18世纪20年代，一艘船上的奴隶起义失败后，船长强迫两名煽动者杀死第三个人并吃掉他的心脏和肝脏。

那么，为什么科学家会与这种恐怖行为结盟呢？为了机会。政府的确会偶尔赞助科学考察，但当时访问非洲和美洲的大多是从事三角贸易的私人船只。所谓"三角贸易"，就是把枪支和制成品从欧洲运往非洲，把奴隶从非洲运往美洲，把染料、药物和糖从美洲运回欧洲。除了这种贸易，根本不存在其他前往非洲和美洲的选择。科学家要进行实地考察，就得搭乘奴隶船。抵达后，他们还依赖奴隶贩子提供食物、物资、当地交通和邮件。

留在欧洲的博物学家[1]也利用了奴隶贸易。在许多情况下，他们委托奴隶船上的船员代为采集——特别是船上的外科医生[2]，他们有科学背景。当船员贩卖奴隶和购买食物时，他们在岸上享有大量的自由时间。收集到的标本——鸵鸟蛋、蛇、蝴蝶、鸟巢、树懒、贝壳、犰狳——后来随着奴隶船回到欧洲，最终被研究机构或私人收藏。分类学之父、史上最有影响力的生物学家之一卡尔·林奈在1735年整理其巨著《自然系统》（Systema Naturae）时，借鉴了这些收藏品，该书引入了我们今天仍在使用的属种命名法，如Tyrannosaurus rex（霸王龙）和Homo sapiens（智人）。总的来说，这些收藏品是他们那个时代的"大科学"——对研究项目至关重要的集中式储存库。而它们都建立在奴隶制的基础设施和经济基础之上。

然而，亨利·斯迈斯曼认为他可以回避这个道德困境。今天已经找不到斯迈斯曼的画像，仅存的关于他的描述也很神秘："高，瘦，活泼，非常有趣，但不帅。"他小时候喜欢收集贝壳和昆虫，

---

1 留在欧洲的收藏家有时会被嘲笑为"扶手椅上的博物学家"，因为他们对真实鲜活的动植物的无知会导致他们得出荒谬的结论。例如，18世纪中期，巴布亚的一种鸣禽首次到达欧洲时，收藏家将其命名为"天堂鸟"，一方面是因为它可爱的羽毛，另一方面是因为它没有脚——他们认为这种鸟不需要着陆。它一生都在空中翱翔。但实际上，捕获这只鸟的当地人把它的脚砍下来做装饰品了。所有伤口都掩盖在蓬松的羽毛之下。然后，当地人将无脚的尸体交给欧洲的博物学家，没有料到这些博物学家如此天真。一位历史学家说："对奇迹的热爱和对猜测的喜爱占了上风。"于是，一个科学神话诞生了。

2 虽然可能接受过一些科学训练，但船上的外科医生有时候并不知道收集标本的复杂细节。因此，伦敦的一位收藏家为初学者提供了一套工具，包括捕捉昆虫的罐子和压制植物的特殊纸张。他还在给助手的信中提出了非常规的建议，包括从食肉动物的消化道中寻找半消化的物种的重要性。他强调："每次抓到食肉动物，都要看看它们的内脏和胃，取出在那里找到的动物。"事实上，即使在今天，这也是很好的建议：2018年，墨西哥科学家在一条蛇的肠子里发现了新种类的蛇。

他受的正规教育因他的家庭教师（一位牧师）自杀而中断。此后，他尝试过制作橱柜、装饰家具、销售保险、分销酒类和做家庭教师。他在这些方面都失败了，而且他似乎注定要从事没有前途的职业。1771年夏天，当医生兼植物学家约翰·福瑟吉尔（John Fothergill）宣布要对塞拉利昂进行标本采集考察时，他终于抓住了救命稻草。福瑟吉尔是贵格会教徒，坚决反对奴隶制。但他还是做出了妥协，将斯迈斯曼送到一个奴隶制殖民地，因为塞拉利昂没有其他定居点可供选择。

尽管对奴隶制心存不安，但斯迈斯曼还是欣然接受了这个提议，因为当时科学是成为绅士的一条康庄大道。部分激励措施是社会性的，如果做得好，他有可能被选为著名皇家学会的研究员。也有经济上的奖励，斯迈斯曼的三个主要赞助者每人拿出100英镑（相当于今天的12 000美元）资助这趟旅程。作为交换，他们可以从寄回的物品中挑选价值100英镑的标本。之后，斯迈斯曼可以出售其余的标本以获取利润。这样的安排对出身低微但有抱负的科学家来说并不罕见。80年后，自然选择进化论的共同发现者阿尔弗雷德·拉塞尔·华莱士（Alfred Russel Wallace）将在马来西亚从事类似的活动。[1]

1772年1月，在抵达非洲几个星期后，斯迈斯曼在巴纳纳群岛建立了一个大本营，这是塞拉利昂海岸附近的两个半沙地岬角。（涨潮时有三个岛，退潮时两个岛之间的地峡显露出来，平均为两个半。）他在巴纳纳群岛待了几周，在第一次疟疾恢复之后去见了岛屿的首领——具有传奇色彩的詹姆斯·克利夫兰（James

---

1 一些历史学家认为，华莱士在马来西亚的工作甚至可能推动了其共同发现自然选择进化论。毕竟作为收集者，他要仔细检查成千上万只虫子的颜色、大小和其他特征的变异，而变异是自然选择的原料。

Cleveland）。[1]

有了克利夫兰的庇佑，斯迈斯曼在岛上建了一栋带花园的英式住宅。克利夫兰还为这个英国人找了一位"妻子"。据斯迈斯曼估计，这名年轻女子只有13岁，是当地一位酋长的女儿。像这样的"跨种族婚姻"在非洲很常见，但不同于许多欧洲人，斯迈斯曼非常宠爱他的"妻子"。"为了庆祝这场婚礼，从岸上发射了一百多门大炮，而且……方圆数英里内唯一的一头公牛也当场被杀死，"他向一位赞助人吹嘘，"我的小布鲁内塔（Brunetta）有着浓密的毛发，她就躺在我身边……啊！我相信我已经爱上她了！她……就像美第奇的维纳斯一样，胸前有两座漂亮的、凸起的、舞动的山丘。"像这样承认感情是令人惊奇的。大多数欧洲人只想从他们的女人那里得到性和食物，仅此而已。

娶酋长的女儿也让斯迈斯曼获得了酋长的庇护。这反过来又使他能招募当地的非洲自由人作为向导，开始他的科学探险活动。在大多数情况下，这些探险包括在乡间跋涉，获取植物和动物运回英国。在英国，他们会根据林奈的分类系统（当时主流的范式）进行解剖和分类。但斯迈斯曼的工作不止如此，他在生态学和动物行为学方面做出了开创性的研究，包括对非洲西部传说中的白蚁丘的研究。

当地人把这些土丘称为"虫子山"，它们就像非洲平原上的小火山，陡峭的锥体可高达12英尺。它们仅由泥土和白蚁唾液构成，但足够结实，可以让5个成年男子站在上面，而且被认为是观察船只进入当前港口的最佳位置。

---

1 詹姆斯·克利夫兰的父亲威廉来自英国一个受人尊敬的家庭，威廉的哥哥是海军大臣，但威廉有一股无赖劲。18世纪50年代在巴纳纳群岛附近遭海难后，他跟跟跄跄地上岸，自立为国王。他娶了几个当地妇女，并生下詹姆斯——虽然詹姆斯是半个非洲人，但他建立了强大的奴隶贸易企业。为了取悦克利夫兰，岛上的欧洲人必须源源不断地向他提供枪支、朗姆酒、布匹和铁制品，更不必说奇怪的金腰带和装饰过的酒杯角了。有一次，亨利·斯迈斯曼从英国为克利夫兰订购了一台昂贵的"发电机"，它可以产生电荷（可能是通过摩擦），并用玻璃球电击人们来取乐。

亨利·斯迈斯曼的一位当地自由人向导指出白蚁丘复杂的内部结构。注意，后面有几个人站在土丘上（亨利·斯迈斯曼绘）

为了研究这些土丘，斯迈斯曼和他的向导会带着锄头和镐偷偷爬上去，对着泥壁猛击。然后他们用手指抓碎泥土，迅速地往里看一眼。这种匆忙是有必要的，因为在第一击之后几秒钟内，他们就会听到不祥的噼啪声——据斯迈斯曼回忆，"比手表的嘀嗒声更快更响"。这是警报信号，片刻之后，几支白蚁大队就会从洞里冲出来，开始攻击。这些虫子咬得很凶，让赤脚的向导号叫着躲避。欧洲人刚开始的情况稍好，但不可避免的是，白蚁会在他们的鞋子里蠕动，然后咬下去，在白袜子上染出血红的圆点。（作为真正的科学工作者，斯迈斯曼后来把这些圆点作为数据，估计每被一只白蚁咬一口，就会流出相当于白蚁体重的血液。）

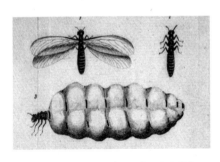

奇怪形状的白蚁蚁后（3号），小小的躯干变成载满卵的囊，每天能产生8万个卵子（亨利·斯迈斯曼绘）

斯迈斯曼很快就成了研

究不同昆虫叮咬疼痛的专家，但他的忍耐力使他以难以置信的细致程度来研究"虫子山"的内部。事实上，斯迈斯曼对它们的描述就像一本建筑学入门读物，其中提到了角楼、穹顶、中殿、地下墓穴、飞拱和哥特式尖拱。他还（正确地）推测，土丘的形状就像风箱，泵入新鲜空气，使内部保持稳定的温度。他热情洋溢地（可能有点沙文主义地）宣称，每个白蚁丘"都是勤劳和进取的典范，超越了人类的骄傲和野心，正如圣保罗大教堂超越了印第安人的小屋"。

　　白蚁本身也让他着迷。毫无疑问，这让他付出了很多代价，但斯迈斯曼最终挖到了足够深的土丘，到达了"皇家公寓"，并瞥见了形状怪异的白蚁蚁后。[1] 它不过是嫁接在3英寸长的动脉卵囊上的小小躯干，卵囊每天排出8万个卵子，几乎每秒钟一个。（他估计，蚁后的体重是白蚁平均体重的3万倍，相当于一个500万磅的孕妇。）其他白蚁也同样惊人。斯迈斯曼在一个房间里发现了一些白色颗粒，他误以为是卵。但在显微镜下，他发现这些是小蘑菇。他非常震惊，意识到这些白蚁正在种植农作物。科学家现在知道其他几种动物也会这样做，但斯迈斯曼最早认识到智人并不是地球上最早的农民。（事实上，蚂蚁已经有6 000万年的耕作史。）

　　在进行这项研究时，斯迈斯曼追随了德国博物学家玛丽亚·梅里安（Maria Merian）的脚步。梅里安曾因17世纪末在苏里南的开创性研究而被称为"昆虫学之母"。（梅里安很富有，她自费前往南美洲，显示出了非凡的独立精神。虽然她确实也雇了奴隶帮她采集，但不同于大多数博物学家，她至少在论文中承认了他们

1　类比有时可以帮助我们理解科学体系，但对白蚁、蚂蚁和蜜蜂使用"后"（queen）这个字眼是一种误导。蚁后并不是任何意义上的蚁群"统治者"。事实上，蚁后的生活相当悲惨。在建立新蚁群时，工蚁们把蚁后关进一个小的"王室"（royal chamber），蚁后将在黑暗中度过余生。除了强制进食和整天产卵，它不能再做任何事情。想象一下，你将在余生中一直处于劳动状态，并且非常臃肿，无法走路，甚至无法拖动自己。与其说它们是"后"，不如说是"皇家性腺"。

的帮助。）梅里安也是最早研究昆虫整个生命周期的科学家之一，包括它们每个阶段吃的食物。她也是一位有天赋的画家，在笔记本中记录了一些可怕的场景，包括大脚野人（sasquatch）爪子大小的狼蛛抓住一只蜂鸟并大快朵颐。

本着同样的精神，斯迈斯曼研究了白蚁从卵到成虫的过程，并绘制了几幅白蚁丘的图，这些图由于充满戏剧性而至今为人称道，在社会学上也有耐人寻味的意义。斯迈斯曼没有把自己描绘成事件的主角，而是展现了他的非洲向导砸开"虫子山"的情景，默示了他们的帮助。历史学家还注意到，斯迈斯曼的原作与后来的复制品不同，并没有改变向导的特征使其符合欧洲人的审美标准，他画的明显是非洲人。

这一切都符合斯迈斯曼对向导的尊重。他没有像大多数欧洲人那样嘲笑他们的博物学知识，而是让他们在一些问题上纠正他，比如他看到的某只带翅膀的白蚁并不是单独的物种，而是已知物种生命周期中的一个阶段。（林奈自己也弄错了。）更加可贵的是，斯迈斯曼抛开了所有他可能感到的厌恶，沉浸在当地吃昆虫的习俗中——这种偏见在今天仍根深蒂固。他的向导教他如何将白蚁从水塘中捞出，并像烤坚果一样把它们在火上烤熟。斯迈斯曼写道："我已经用这种方法吃了很多次白蚁，它们既美味又营养，而且有益健康。它们比毛毛虫或蛆更甜，但没有那么肥腻。"

的确，斯迈斯曼也有一些那个时代的偏见。在他的信中，他不止一次提到非洲人过于"狡猾"且"充满懒惰和邪恶"，以及其他侮辱性的说法。但他对欧洲奴隶贩子的评价更为严苛，说他们是"野兽"和"怪物"，是"法国、荷兰、丹麦和瑞典的弃儿"。他也尊重当地非洲人的医学知识，说他们有"植物方面的宝贵秘密"。他甚至观察了他们在当地法庭上的表现，并赞扬了他们的演说技巧，称他们为在很多方面都超过了英国大律师的"黑色的西塞罗和德摩斯梯尼"[1]。

斯迈斯曼关于白蚁丘的研究最终为他赢得了欧洲生物学家的尊重，以及一个令人愉悦的绰号——"白蚁先生"（Monsieur Termite）。如果这就是斯迈斯曼的全部故事，那么他将作为敏锐的科学家和宽容、有远见的人被载入史册。不幸的是，还有更多的东西需要解读。斯迈斯曼的向导多是当地的自由人，而不是奴隶。因此，在塞拉利昂的头几个月，他可以不接触奴隶制，并安慰自己，他与奴隶制的联系微乎其微，只涉及贸易和运输。但事实证明，保持距离比预期难得多。随着他的初始资金减少，斯迈斯曼开始与奴隶贩子交好，以获得更优惠的贸易条件。然后，出于人之常情，他逐渐开始对他们放松警惕，也变得很寂寞。到1773年4月，也就是他在非洲的第17个月，他在给赞助人的信中公开感叹自己的孤独。尽管他那时已经有了三个妻子，但他的心还是渴望同胞的陪伴——一个说着相同的语言、崇拜相同的神、被相同的赞美诗鼓舞的人。所以，斯迈斯曼开始一点点地接受奴隶贩子的热情款待。他告诉自己，这只是一种缓和剂——暂时缓解他的孤独。

博物学并不是唯一一门利用奴隶贸易的科学。位于开普敦的南半球第一个大型天文观测站就是靠奴隶劳工建造的。因彗星而闻名的埃德蒙·哈雷向不同殖民地的奴隶贩子索求有关月亮和星星的数据，地质学家则在这些地方收集岩石和矿物。英国皇家学会向奴隶港口发出调查问卷，要求进行观察，并从对奴隶公司的投资中获利。

1　西塞罗：罗马共和国晚期的作家、律师，以精通雄辩著称。德摩斯梯尼：古希腊著名的演说家、政治家，雅典人。——译者

即使天体力学这样的高深领域也受益匪浅。大多数情况下，艾萨克·牛顿是个待在家里的孤僻怪人——他在桌子上潦草地写下方程式，而且不告诉他的同事。但在整理《自然哲学的数学原理》(*Principia Mathematica*，其中包括他著名的万有引力定律)时，牛顿做出了一个激进的、非常公开的预测：月球的引力导致了潮汐。为了证明这一点，他需要来自全球各地关于潮汐高度和时间的数据，而其中一组关键的数据就来自法国马提尼克的奴隶港。天体力学是超脱尘俗的，与肮脏的人类生活相去甚远。但奴隶制是当时欧洲科学的重要组成部分，《自然哲学的数学原理》也无法摆脱其阴影。

但毫无疑问，博物学从奴隶制中受益最多，而且在某些情况下甚至扩大了奴隶制的影响。殖民地商人急切地寻找外国的自然资源，如染料和香料，他们向科学家咨询寻找和种植这些东西的最佳方法。此外，对奎宁等药物的医学研究帮助欧洲白人在热带地区生存。对欧洲人来说，殖民地越安全、越有利可图，那里的商业活动就越兴旺——包括奴隶贸易。因此，科学研究不仅依赖于殖民地的奴隶制，也为其开辟了新的市场。

一些身在美洲的欧洲博物学家还强迫奴隶为他们收集标本，特别是在危险的地方。他们让奴隶爬上树或跳进冰冷的水池，有些奴隶则要越过荆棘丛或致命的滑坡。令人惊讶的是，少数收集者真的给奴隶支付报酬——每12只昆虫半克朗（相当于今天的18美元），每12株植物12便士（相当于今天的7美元）——使他们不至于衣衫褴褛。大多数收集者比较吝啬，绝大多数采集标本的非洲人既得不到钱，也得不到承认。关于这些男人和女人的只言片语如今只存在于Majoe bitters（美洲苦木）这样的植物名中，该植物是以牙买加的一个白发奴隶命名的，他用这种植物的树皮治疗雅司病，一种类似梅毒的皮肤病。

最著名的非洲博物学家是夸西（Kwasi），18世纪活跃于苏里南的术士。虽然他自己也是奴隶，但夸西经常支持欧洲白人，而牺牲非洲人的利益，所以即使如今，他仍然是个有争议的人物。据一位欧洲观察者记录，夸西"用鹅卵石、贝壳、剪掉的头发、鱼骨、羽毛等制作了护身符，用一根棉线系在脖子上"。然后，夸西把这些护身符卖给为自由而战的奴隶，向他们保证里面的魔法会让他们战无不胜。虽然不存在这种功能，但并没有阻止夸西

一个叫大卫的奴隶被迫爬到树上，为他的主人约翰·斯特德曼（John Stedman）剥蟒蛇的皮。奇怪的是，这幅画是诗人威廉·布莱克（William Blake）画的

牟取暴利。根据口述史，他还混入了丛林里一群逃跑的奴隶中，然后向白人士兵供出了他们的位置。这样的行为让夸西获得了自由，并得到了昂贵的欧洲服装，包括一块刻有"忠于白人的夸西"（Quassie, faithful to the whites）字样的金胸牌。为了报复，一群逃跑的奴隶伏击了他，砍下了他的右耳。

尽管有争议，夸西仍然被认为是植物学天才。他以一种能缓解胃痛和退烧的根粉制剂而知名。许多欧洲白人都接受了他的治疗，而不相信自己的医生[1]，这是一种令人吃惊的信任。30年来，夸西一直拒绝指认这种树根，直到有一天他终于带着林奈的一名弟子进入森林，指着一株开着鲜艳红花的灌木。这位弟子将灌木带回给林奈，林奈将其称为 *Quassia amara*（苏里南苦木）。这是罕见的以奴隶命名物种的例子。

忠于白人的夸西被欧洲科学家铭记，而其他许多有才能的人却被历史遗忘，这可能不是巧合。但是对于每一种植物或昆虫的欧洲名称，值得记住的是，可能有一个、两个或十几个无名的帮手。

和夸西不同，斯迈斯曼不是植物学家。他是昆虫学家，尝试分类塞拉利昂所有陌生的植物群，这让他感到沮丧和不知所措。因此，当1773年年初的一封信告诉他，林奈的另一位弟子、植物学家安德烈亚斯·贝尔林（Andreas Berlin）将与他一起在巴纳纳群岛工作时，他非常高兴。他不仅可以卸下植物学的工作，而且还有另一位绅士科学家做伴。

---

1 与夸西相反，一些奴隶利用高超的植物学知识，通过毒死俘获他们的人来复仇。木薯是一种特别受欢迎的毒药，因为在烹饪得当的情况下它是一道美味佳肴，但在其他情况下却有毒。奴隶会寻找以木薯汁为食的虫子，晒干并捣碎，把得到的粉末藏在指甲下面，然后在给主人送饭时偷偷往碗里丢一些。

贝尔林只有27岁，但他已经拥有一份出色的履历——曾与詹姆斯·库克船长进行过一次著名的科学航行。不久，贝尔林就证明了自己作为植物学家的价值。1773年4月，在与斯迈斯曼的第一次探险中，贝尔林在15分钟内发现了欧洲科学界的三个新物种。这一收获令他十分高兴。他在信中滔滔不绝地说："我就像刚刚复明的盲人第一次看到了太阳，会惊讶地昏倒……"然而，尽管贝尔林才华横溢，但他有一个严重的恶习：酗酒。他在植物学研究之外的每个小时都在酗酒，这让斯迈斯曼非常生气——特别是他的另一个助手也是酒鬼。他抱怨："有两个都不清醒的助手，这太不幸了。"

斯迈斯曼的本地助手也让他很不高兴。他们大多数是当地村民，会在背后嘲笑他喜欢捡小虫子和杂草的习惯。他们嗤之以鼻，直到斯迈斯曼宣布他愿意为这些标本付费。在那之后，他得到了多得无法处理的"帮助"："男女老少挤在一起，盯着看，问问题，带来东西出售：所有有花的植物……所有最普通的昆虫，甚至包括房子里的蟑螂和蜘蛛。"斯迈斯曼最终将所有人拒之门外，这让他们感到困惑和厌恶。为了报复，一些人会从他眼皮子底下偷标本，让他为这些标本再付一次钱。

斯迈斯曼越来越沮丧，尤其是对贝尔林感到沮丧，他开始与奴隶贩子往来，这是他为数不多的发泄途径之一。

的确，斯迈斯曼从来都不喜欢那些驾驶奴隶船的下等人——他们行为粗鲁、满嘴脏话，斯迈斯曼曾嗤之以鼻地写道，他们用"生锈的、肮脏的、油腻的刀"搅拌他们的茶，吃馍得只能用在马车车轮上的黄油。相反，斯迈斯曼拉拢了商人和船长，他们是塞拉利昂奴隶贸易的贵族。

事实上，这些"绅士"和水手一样残忍。更糟糕的是，他们才是真正从奴隶制中获利的人。但他们把自己装点得光鲜靓丽，斯迈斯曼开始到他们在邦斯岛上的"乡村庄园"玩惠斯特牌和双陆棋，还在崎岖多岩的双洞球场打高尔夫球。[斯迈斯曼把这种游戏称为"goff"，它与今天的高尔夫球（golf）有些不同。球有网球那么大，据他说，球洞有"一个人的帽子那么宽"。]斯迈斯曼冷漠无情地将高尔夫球描述为"温暖天气里的一项非常漂亮的运动，因为除了挥杆一击之外，没有任何暴力"。但与此同时，实际的暴力发生在四分之一英里外，岛的另一边，奴隶被锁在栅栏里，受到鞭打。1773年5月，斯迈斯曼去洛斯群岛打猎，并违反了自己关于喝酒的规定，在海滩上享受了一场醉醺醺的盛宴。他在这场嬉闹中有个同伴，不是别人，正是约翰·蒂特尔——这个奴隶船长很快就会把一个男孩扔进海里捡帽子，还会把一桶粪便送到男孩父亲那里。但至少在那一天，他和斯迈斯曼是朋友。

宴会结束后不久，斯迈斯曼乘坐蒂特尔的奴隶船回到巴纳纳群岛，并为那里的疾病暴发勾勒出一幅令人痛心的画卷。一位历史学家恰当地称之为"但丁式的"。"每天都有两三个奴隶被扔下船，他们已经死于发烧、流感、麻疹或蠕虫，"斯迈斯曼写道，"医生在这里包扎疮口、伤口和溃疡，或者给人灌药，另一个人拿着皮鞭站在旁边让他们吞咽。"

这次暴发的受害者包括安德烈亚斯·贝尔林。酒精已经摧毁了他的身体，但即使在因为发烧和腹泻而倒下的时候，他也要每天在船上喝下定量的烈酒。（他还吃了很多菠萝，可能是一种民间疗法。）斯迈斯曼最开始没有喝酒，但他很快就屈服了——这让他很后悔。贝尔林不久之后就死了，他的非洲冒险仅仅过了三个月。

在这一打击之后，斯迈斯曼更加依赖奴隶贩子的陪伴。这种道德上的堕落并不是简单而线性的：前面关于疾病的文字表明，那个因为看到两个黑人母亲给婴儿喂奶而悲恸欲绝的人仍然存在，仍然认识到了奴隶制的罪恶。但毫无疑问，总体趋势是堕落的。最开始，他只依赖奴隶贩子的物质支持——设备、食物、邮件。然后，他与他们交好，以获得更优惠的贸易条件。随着时间的推移，为了抵御黑暗中的孤独感，友好变成了真正的友谊。正如心理学家预测的那样，与奴隶贩子的接触增多也导致他共情他们的观点，甚至为他们辩护。

从那时起，事情每况愈下。在斯迈斯曼的探险活动进行到一年半之后，就很少有标本到达英国（只有一些昆虫）。这并不全是斯迈斯曼的错。准备标本需要时间，而且三角贸易必须单向进行，也就是说，他的箱子必须被装上奴隶船，经过加勒比海返回英国，这会使抵达时间推迟几个月。此外，远洋航行不能提供最安全的环境。就算阳光、热量、湿度和盐水膨胀没有破坏标本，船上的蠕虫、蚂蚁和啮齿动物通常也会破坏。

结果，一无所获的赞助商开始抱怨，认为对斯迈斯曼的投资很失败。斯迈斯曼转而意识到，除非有更多标本送到他们手中，而且要立刻送达，否则他作为科学家的声誉——以及成为绅士科学家的希望——就会支离破碎。为此，斯迈斯曼开始为一个利物浦的奴隶贩子做代理，帮助他在塞拉利昂发展业务。作为交换，斯迈斯曼在从非洲直接返回英国的稀有船只上为他的标本获得了空间。对他来说，保存死去的昆虫和植物比保存道德更有意义。

到1773年年中，斯迈斯曼开始涉足奴隶贸易。非洲人更喜欢以物易物——包括奴隶，因此硬通货[1]在某种程度上是无用的。例如，一个从英国给斯迈斯曼运送包裹的船长曾经要求用奴隶作为报酬。当地的经济也是靠奴隶运转。斯迈斯曼在信中说，他长期缺乏"蜡烛、糖、茶和黄油"，以及鞋子、钉子等必需品。但无

1　硬通货（hard currency）是指黄金、白银等贵金属制成的保值货币。后文的国际通货（universal currency），本义是指能在国与国之间交易的货币，如17世纪至19世纪的西班牙银元和1944年之后的美元。文中取引申义，可理解为"万能通货"。——译者

论他对这一事实感到多么遗憾，奴隶相当于塞拉利昂的一种"国际通货"，是可以用来交换任何东西的"商品"。所交换的商品包括烟草和朗姆酒之类的货物——他支付烟草和朗姆酒给酋长和向导。如果没有他们的帮助，他的科学探险就会搁置，而他不会赞成这样做。因此，他开始在必要时用奴隶换取货物。

可以预见的是，到1774年，斯迈斯曼已经不仅在当地交易奴隶，还把他们卖给美洲的种植园，以资助自己的研究。斯迈斯曼继续在信中为自己参与奴隶贸易辩护：他坚持认为，是当地的经济实况迫使他开展奴隶贸易。但他确实或多或少地突破了自己的良知。在其中一段里，他承认："我对奴隶贸易的顾虑已经消失了。"他已经成为他所鄙视的系统的一部分。

亨利·斯迈斯曼时代的科学罪恶已经消失并且已被埋葬，横跨大西洋的奴隶贸易早在19世纪初就终结了——这是让人欣喜和信服的。但事实是，我们的现代科学世界观归功于《自然哲学的数学原理》和《自然系统》这样的书籍，它们都是在奴隶制下完成的。更严峻的是，通过奴隶贸易收集的许多标本至今仍保存在博物馆里。

最重要的博物馆收藏可以追溯到汉斯·斯隆（Hans Sloane），伦敦医生兼博物学家。[1]年轻时，斯隆在牙买加的种植园采集，后来通过婚姻关系进入一个富有的奴隶主家庭。斯隆利用这些财富，从其他博物学家那里买下了藏品，最终积累了世界上最大的博物学收藏，多达数万件。令人不安的是，其中包括人类标本。他在

---

1 奇怪的是，汉斯·斯隆还在牙买加发明了牛奶巧克力。他认为这是一种食用可可的简单方法——可可在当时被认为是药物。回到伦敦后，斯隆把配方卖给了一个药剂师，药剂师又把配方卖给了一个叫"吉百利"的小公司。今天，你每吃一块巧克力，都可以把它追溯到"科学–奴隶制–工业"联合体。

一本私人目录中记录："注射了红蜡和水银的黑人手臂的皮肤""弗吉尼亚黑人的胎儿""非洲黑人女孩阴道中提取的结石"。1727年，斯隆以这些收藏为跳板，成为英国皇家学会主席，是艾萨克·牛顿的下一任。

斯隆在1753年死去，死前他做了一件不寻常的事。他想为女儿们提供经济支持，但也想保持收藏品的完整性，不希望它们在拍卖会上散失。因此，他在遗嘱中以2万英镑（相当于今天的310万美元）的价格把所有藏品交给英国政府，用来建一座博物馆。为筹集资金，政府设立了3英镑（相当于今天的470美元）一张的奖券，筹集了30万英镑（相当于今天的4 700万美元）——尽管其中有些不正当的交易，包括组织者大量购买并倒卖。政府官员希望博物馆能为公众服务，所以称其为"大英博物馆"（British Museum）。它很快成为地球上最著名的机构之一。后来，斯隆的大部分藏品被转移到伦敦自然历史博物馆（Natural History Museum），这是另一座文明灯塔。斯隆的标本——其中许多与奴隶制有直接联系——因此成为地球上一些最著名文化机构的最早收藏品。

公平地说，没有理由把这些博物馆单列出来。在牛津、在格拉斯哥、在切尔西，都能找到与奴隶贸易有关的标本。事实上，几乎所有欧洲大城市——巴黎、马德里、维也纳、阿姆斯特丹——的自然历史博物馆都可能有类似来源的藏品。它们也不仅仅是尘封的奇珍异宝，科学家仍然在参考这些收藏品，以研究植物驯化和历史上的气候变化。他们还从标本中提取DNA，研究植物和动物在几个世纪中是如何进化的。然而，大多数科学家仍然对他们使用的藏品的来源视而不见。

许多历史学家甚至仍然一无所知。但至少有一些人无法再熟视无睹，已经开始揭露博物馆藏品的来源。少数人甚至想把科学带入更宏大的讨论之中，比如关于奴隶赔偿和奴隶制文化遗产的问题。有人指出，关于奴隶制利润的讨论通常是"以美元和美分、英镑和便士的形式进行的。然而，（利润）也可以通过收集的标本和发表的论文来衡量"。

承认这一遗产对科学家来说可能是痛苦的。毕竟，难道科学不是进步的——造福世界的力量？当然是。但它也来自人类的努力，满怀善意但容易犯错的人，沉迷于自己的研究而忽略了自己的良心，像亨利·斯迈斯曼这样。

最终，斯迈斯曼的妥协让他在科学上得到了他想要的东西——一定程度上。涉足奴隶贸易为他争取了足够的物资和商品，使他能多次长期地观察白蚁丘，而且收集了非常多的标本，以至于一位赞助人后来抱怨标本太多了："我的房子连一半都装不下。"到1775年年末，在非洲待了4年之后，"白蚁先生"对自己的科学声誉有了足够的信心，准备返回英国。他认为那里将会有英雄般的欢迎仪式在等着他。于是他收拾了标本，预订了前往加勒比海的奴隶船——"伊丽莎白号"。

在斯迈斯曼踏上船的那一刻，船长没收了他装昆虫和植物的箱子，把所有东西都倒了出来。然后，船长把船上的手枪装在里面，因为箱子有一把坚固的锁，可以在发生叛乱或奴隶起义的时候保证枪支的安全。但船长很快就有了更大的忧虑，因为"伊丽莎白号"像旧屋顶一样漏水，需要不停地抽水才能浮在海面。（在他们抵达西印度群岛的几周后，这艘船被认定为不适合航海。）"伊丽莎白号"上的293名奴隶中，有54人在前往美洲的途中死亡。

斯迈斯曼原计划在抵达美洲后立即启程前往英国，但一场疟疾阻止了他，而且他不想在返回大西洋的航程中面对冬天的寒风。

他决定先休息几个月。然后，当他觉得自己已经恢复正常的时候，独立战争爆发了，美国的私掠者正在不断地掠夺英国的船只。在孤立无援的情况下，斯迈斯曼最终在多巴哥岛安顿下来，并于接下来的4年里在不同的岛屿上从事博物学研究。最值得注意的是，他研究了加勒比地区的火蚁，这些火蚁在各个岛屿上都结成庞大的队伍，大到连摩西都会犹豫要不要召它们来见法老。蚂蚁甚至攻击岛上的动物，能在一夜之间使马和牛变成骷髅。当地人把蚁群称为"蚂蚁爆炸"。

不过，斯迈斯曼在那些年里经常思考奴隶制的问题。西印度群岛基本是田园风光——葱葱郁郁，到处是新奇的标本——他有很长的快乐时光在岛上收集动植物。但每隔一段时间，当他在种植园附近徘徊时，都会听到空气中响起鞭子的噼啪声，接着就是一声尖叫。他还目睹了对男女奴隶的公开鞭打，他们身上纵横交错的长长的疤痕在他的梦中萦绕。（奴隶主经常将蜡滴入伤口，或者将辣椒抹入伤口，使刺痛更加剧烈。有些人直接把辣椒放进奴隶的眼睛里。）斯迈斯曼在非洲的时候还可以与奴隶制保持距离。但种植园生活的残酷使他的道德底线得以挽回，他再次否定了奴隶制。

斯迈斯曼最终追上了三角贸易的最后一程，于1779年8月驶向英国。自然地，海盗在途中扣押他的船，并将剩余的标本——多年的劳动成果——全部抛入大海。他回到英国时一贫如洗，而他所设想的英雄般的欢迎仪式也没有实现。他的确向皇家学会提交了一篇关于白蚁丘的论文，受到了好评。但该学会冷酷无情的主席认为斯迈斯曼不够绅士，不适合加入他们的行列，并成功地阻止他当选研究员。斯迈斯曼无疑很伤心，他成为绅士科学家的梦想破灭了。

相反，他自立门户，成为科学讲师，向满座的听众讲述他与蚂蚁、白蚁的冒险经历。斯迈斯曼也成为废奴运动的一个小角色。事实上，他总是在科学讲座结束时简短地谈及奴隶制，他曾这样说："臭名昭著的政策贬低了人类的一个物种（种族），以纵容其他物种的奢华。"

也许是对贩卖奴隶的日子感到内疚，他还开始筹集资金，为塞拉利昂的自由黑人建立农业殖民地。其中包括独立战争期间与英国人一起对抗其主人的北美忠诚奴隶。数百名男女报名参加，包括几十对混种族夫妇——他们只是想在没有骚扰的地方生活。斯迈斯曼甚至去巴黎见到了本杰明·富兰克林（Benjamin Franklin），希望这位著名的美国人支持该计划。（在巴黎，斯迈斯曼碰巧看到了1783年孟格菲兄弟的世界首次热气球飞行。这一场面激发了斯迈斯曼设计自己的带翅膀的雪茄形状气球，他希望证明这比球形的孟格菲气球更容易操控。）

然而，1786年7月，就在定居者计划出发前往非洲的前几个月，斯迈斯曼被另一场疟疾击倒了。当时南美洲国家仍在囤积奎宁，斯迈斯曼三天后就死了——没人来得及为他采购奎宁。那年晚些时候，400名殖民者仍然起航，但他们到达时正值雨季，由于没有斯迈斯曼的联络人和专业知识，他们不得不靠乞讨来生存。在3个月内，有三分之一的人死了。最终，当地的一位酋长驱逐了剩下的殖民者，并烧毁了他们的棚屋，亨利·斯迈斯曼的伟大救赎梦想就此化为乌有。

虽然斯迈斯曼英年早逝，但他确实以一种真实而间接的方式推动了废奴事业。1786年年初，他写了一份关于对塞拉利昂殖民地设想的小册子，两位瑞典科学家——采矿工程师卡尔·瓦德斯特伦（Carl Wadström）和植物学家安德斯·斯帕尔曼（Anders

Sparrman）——受此启发，于1787年年底亲自前往非洲。他们有访问非洲大陆内部的初步计划，但最后却滞留在塞内加尔的一个法国奴隶港口。在接下来的几个月里，他们看到的一切让他们感到震惊——和斯迈斯曼不同，他们没有停留足够长的时间来消解自己的愤怒。

相反，他们冲回伦敦，开始向人们讲述"奴隶地牢"的故事，以及男人和女人"被锁住，躺在自己的血泊中"。他们还揭露了法国人捕获廉价奴隶的邪恶计划。法国人不会自己冒险突袭，而是将武器卖给两个敌对的部落，挑起他们的战争。理所当然地，一方会俘虏他们的敌人，这时法国人就会过来买下这些俘虏。瓦德斯特伦描述了这样一场战争的后果：胜利的部落带着即将成为奴隶的人进入港口，唱歌、鼓掌、吹号，"一方的尖叫和痛苦，另一方的呼喊和欢乐，以及随之而来的噪声。我从未目睹过如此地狱般的场景"。也许最可耻的是，不需要斯帕尔曼和瓦德斯特伦挖空心思地揭露这些阴谋——法国奴隶贩子几乎总是在吹嘘这些阴谋，为自己的聪明才智感到自豪。

这两个瑞典人最终出现在英国下议院（House of Commons）和英国贸易委员会（British Board of Trade）面前，他们的证词在伦敦引起了轰动——既因为他们揭露的内容，又因为他们的身份。那是18世纪80年代，启蒙运动的高潮，当时科学家被认为是无可指责的——在社会面临的重大问题上，他们是完全无可指摘的证人。（不同的时代……）因此，许多以前不知道该不该谴责奴隶制的人，现在突然转向了废奴主义事业。因为如果**科学家**说奴隶贸易是邪恶的，他们还有什么好争辩的呢？

的确，并不是瑞典人结束了大英帝国的奴隶贸易，非洲人也做了很多事情。奥拉达·艾奎亚诺（Olaudah Equiano）等获得自由的奴隶和"非洲之子"[1]也提供了证词，而18世纪90年代在海地发生的漫长、血腥并最终成功的奴隶起义让英国公众质疑他们的政府究竟在支持什么。贵格会为废除奴隶制进行了长期的、孤独的斗争，这也是值得称赞的。但正如废奴运动领袖托马斯·克拉克森（Thomas Clarkson）所说，瑞典科学家一公布，"对我们非常不利的潮流开始有点转向支持我们"。通过这种方式，瓦德斯特伦和斯帕尔曼使科学在与奴隶制的长期纠缠之后稍微挽回了自己的形象，并成为结束奴隶制的积极力量。

还没有实现加入庄严的皇家学会的梦想，斯迈斯曼就去世了。尤其令人恼火的是，该学会忽略了他，却邀请了其他名声非常可疑的科学家。特别是一个和斯迈斯曼同时代的医生，他领导了科学史上最臭名昭著的有组织犯罪活动，洗劫了数百个坟墓，获取尸体进行解剖。

事实上，在罪恶科学的编年史中，医生值得拥有一席之地，因为医生直接与人类打交道，所以他们经常赋予科学以人情味。以人为工作方法，也带来了新道德困境和滥用职权的新机会。

1　18世纪末的英国团体，致力于终结非洲的奴隶贸易。奥拉达·艾奎亚诺是其成员之一。——译者

第三章

盗墓

杰基尔与海德，亨特与诺克斯

谋杀都始于无辜。在爱丁堡一栋舒适的石头公寓里，在这座城市著名的山顶城堡的阴影之下，住着一位名叫唐纳德（Donald）的垂死老人。他的肺部有积液（水肿），可以说相当于在干燥的陆地上溺水了。1827年11月的一个晚上，他终于死了。房东威廉·黑尔（William Hare）为他安排了一场教堂葬礼。

　　但后来黑尔开始打尸体的主意。教堂不能马上接走尸体，于是黑尔对邻居威廉·伯克（William Burke）说，他想偷偷把尸体卖掉，希望伯克可以保密。当时，拥有和出售尸体并不违法，而且有一个强大甚至是肮脏的市场：爱丁堡的解剖学家总是需要尸体来解剖，而且他们很愿意为此付钱。伯克承认错失了这个良机。但他们没有气恼，而是自己创造机会。很快，木匠过来把唐纳德封在棺材里，并让这两个人照看。他们迅速行动起来，用凿子打开棺材盖，把唐纳德的尸体藏在附近的床上，然后用相同重量的东西重新填满棺材。后来毫不知情的教会官员过来认领了这口棺材。

　　现在两人必须转手尸体。他们走到一所医学院，但首席解剖学家不在。于是他们去找了他的对手罗伯特·诺克斯（Robert Knox）。诺克斯也不在，但他的助手让黑尔和伯克稍后再来，于是他们当晚再次把唐纳德捆起来，运过去让诺克斯评估。这个著名解剖学家已经秃顶，左眼因一场天花而失明。他还是个花花公子，不过如果那天晚上有工作，他会穿一件沾满血迹的罩衫。

　　伯克和黑尔把唐纳德放在诺克斯实验室的绿色毛毡解剖台上，解开了包裹。他们屏住呼吸，看着诺克斯用那双善于观察的眼睛观察这具尸体。气氛一定很紧张——他是否会怀疑是他们偷的?

诺克斯最后说,**我给你们7镑10先令。**

两人拿着钱走了。伯克感到内疚,但没有人受到伤害。而且他们需要这笔钱。

钱总是不知不觉就花完了,这7镑10先令也是如此。几个月后,一个名叫约瑟夫(Joseph)的老磨坊主出现在黑尔的公寓,并因发烧而病入膏肓,这时两个人不禁又开始动心思。无论如何,黑尔急于把约瑟夫除掉:他不希望别人说这个地方有瘟疫。而且鉴于老人实际上已经半只脚踏进坟墓,为什么不更进一步呢?不知道是谁先提出了这个建议,也不知道他们是否敢大声提议。但第二天还没到,伯克就已经轻轻将枕头压在了约瑟夫脸上。然后黑尔横卧在磨坊主胸前,让他的肺安静下来。就这样,他们有了一具新尸体可以出售。

或者他们真是这样做的吗?这次去找诺克斯一定加倍紧张,解剖专家当然能发现谋杀。

伯克和黑尔都不需要担心。所有喜欢谋杀谜案的人都知道,勒一个人的脖子通常会弄断那里的舌骨,因为这块骨头很脆弱,会在压力下裂开。但爱丁堡二人组的方法是让面部和胸部窒息,使舌骨完好无损——这种方法后来被称为"阻闭口鼻扼杀法"[1]。换句话说,他们偶然发现了一种邪恶而聪明的令人窒息的方法。

考虑到当时法医科学的水

连环杀人犯威廉·黑尔(左)和威廉·伯克(右)[乔治·安德鲁·卢顿(George Andrew Lutenor)绘]

---

1 英文中的"burking"(阻闭口鼻扼杀法)一词源于威廉·伯克的姓氏,Burke。——译者

平，需要有一双坚定的眼睛才能找到谋杀的证据，但诺克斯决定**不**找这样的证据。和那个时代的所有解剖学家一样，他知道不能问样本从何而来。但在接受伯克与黑尔提供的尸体时，他帮助掀起了科学史上最致命的犯罪狂潮。

有一个广为流传的迷思，即欧洲的基督教会在很久以前就禁止了人体解剖，把解剖学赶到地下。但实际上，意大利的教堂经常与解剖学家合作，在最后的仪式之后帮他们储存尸体。教会官员甚至鼓励解剖准圣人的遗体。否则他们怎么能得到骨头、心脏和其他干瘪的圣物，使朝圣者蜂拥而至？其他国家也很宽容。一位法国剧作家抱怨，舞台上的公开解剖吸引了非常多的观众，导致看他演出的观众大大减少。到17世纪，科学解剖在整个欧洲相当普遍。

至少在欧洲大陆是这样——英国确实禁止解剖。英国人担心死后的解剖会使他们的身体在末日审判时变得残缺不全——上帝会在末日审判那天复活死者。假正经的英国人还认为解剖是可耻的——一具裸尸躺在那里，被人戳来戳去。但颁布禁令的是世俗官员，而不是牧师或主教。

不过，英国政府确实向解剖学家提供了一些尸体。通常是被处决的罪犯，他们被判处"死刑和解剖"，作为"进一步的恐怖和特殊的羞辱"。但是，即使在那个砍错树都会被绞死的时代（真的），也没有足够的处决来满足医学院的需求。（在今天的初步解剖课上，通常两名医科学生会分到一具尸体；当时，如果只依靠合法捐赠的尸体，那就得是几百名学生分到一具尸体。）这种短缺反过来导致了公开绞刑中的不得体场面，敌对医学院的学生为尸体争吵不休。甚至有心急的人将尚未完全死亡的人从绞刑架上拽下来，他们的脖子并没有断，只是因为缺氧而昏迷——后来在解剖台上突然醒了过来。其他人就没有那么幸运了。后世对解剖记录的审查发现，36个案例中有10例的心脏仍在跳动，但此时回头已经太晚。

在解剖过程中，学生会用刀子把尸体从腹部切开，取出里面的各个器官和组织。他们会研究主要血管的走向，肝脏与什么相连，神经如何穿过肌肉，等等。这让他们更加了解身体的运转以及身体各个部分的配合，这就是医学教育的基础。否则，医生就要在不了解健康器官的前提下识别生病的器官，这是不可能的。更糟糕的是，如果没有详细的解剖学知识，医生在深入某人的身体时很可能会切断动脉或神经，使病人即使不死也会瘫痪。

由于缺乏解剖用的尸体，英国解剖学家（以及他们在北美的同行）认为自己别无选择，只能盗墓。一些科学家亲自盗墓，还有些会招募学生帮忙，在学期开始时让他们发誓保持沉默——仿佛某个恋尸癖的兄弟会。不过，这些誓言很少奏效。一名观察者写道，"在夜色的掩护下，在最肆意妄为的情况下"，学生会喝得酩酊大醉，冲进教堂墓地，挖掘新鲜尸体。对他们来说，这是场

模仿解剖室。注意盗尸者带着捆好的尸体进入［托马斯·罗兰森（Thomas Rowlandson）绘］

可怕的游戏。

政府官员往往对盗墓行为视而不见，原因有二。首先，大多数政府官员有钱有势，而大多数解剖用的尸体来自贫民阶层。因此，官员可以容忍盗墓行为，而不必担心自己的亲人失踪。其次，不那么讽刺的理由是，当局也知道，新晋的医生和外科医生需要尸体来训练——直白地说，需要在尸体上犯错。否则，新手就只能在活生生的病人身上学习解剖，在肘部深入病人体内时犯错。为此，许多政府官员想使解剖合法化，但被民意阻止了。因此，英国医学界在获取尸体上陷入了不稳定的休战状态。不要问，不要说。

最终打破这种平衡的是约翰·亨特（John Hunter）的痴迷。他是解剖学界的威廉·丹皮尔，他因其发现而受到尊敬，也因其方法而受到谩骂。亨特粗俗下流，头发红得仿佛可以点燃香烟，他出生于一个苏格兰家庭，是十个孩子中最小的。他从医的部分原因是他的六个哥哥姐姐很小就死于疾病。他还有一个榜样，就是他的哥哥威廉——伦敦产科医师，他因谨慎地为重要人物的情妇接生而受到高度赞扬（且报酬很高）。威廉还兼职讲授解剖学，但他不想让自己在解剖尸体时被弄脏。因此，1748年，20岁的亨特搬到伦敦，成为哥哥的助理解剖师。他之前从来没有切开过尸体，但在第一次切开的冲动之后，他基本上没有停过。

亨特的痴迷有两种形式。首先，他喜欢解剖学，而且不仅仅是人体解剖学。他还解剖了数以千计的动物，包括"麻雀的睾丸、蜜蜂的卵巢和猴子的胎盘"等离谱部位。他甚至与亨利·斯迈斯曼合作，解剖了形状怪诞的白蚁蚁后。其次，亨特认为解剖学是改革医学的一种方式。那个时代的医学口口声声说要进行观察和实验，但日常治疗仍然依靠古老的秘方，如清洗、放血和烟草灌肠——实际上就是往病人的屁股上吹烟。亨特希望使医学现代化，并把解剖学视为改革的基础：为治愈疾病，医生需要对人体有深入的了解。对他来说，这不仅包括各个部位的连接，还包括不同组织的感觉、气味，甚至味道。他曾将尸体的胃液描述为"咸的或有盐味的"。更大胆的是，他报告说"精液……在口中停留一段时间后……会产生一种类似香料的温暖"。亨利甚至解剖并品尝了一具埃及木乃伊。

尽管或正因为用了这些非正统的方法，亨特获得了几十项解剖学发现，包括泪腺和嗅觉神经。他见证了人类的第一次人工授精，并开了用电力（来自原始电池）来激活心脏的先河。他还绘制了婴儿在子宫内的发育图，并推测了牙齿的现代分类，即切牙、尖牙、双尖牙和臼齿。基于这些工作[1]，亨特在1767年被选入皇家学会。此外，他熟练的解剖技术和丰富的解剖学知识使他成为著名外科医生。他最终在伦敦买下一栋有着宏伟外墙的房子，用于接待亚当·斯密（Adam Smith）、大卫·休谟（David Hume）、威廉·皮特（William Pitt）和约瑟夫·海顿（Joseph Haydn）等著名病人。

不过，亨特也有争议性，特别是他与盗墓者的交易。大多数解剖学家都很鄙视"盗尸者"和"掘尸者"，认为他们是低俗的暴徒。与此相反，亨特的粗俗举止实际上使他很受盗墓者欢迎。他宏伟的房子甚至有一个不太卫生的后门，是专门为盗尸者准备的。它俯瞰着整条小巷，凌晨2点，盗尸者会悄悄爬上去，卸下那晚的收获。据一位学生回忆，后面的房间有明显的尸体的"芬香"。罗伯特·路易斯·史蒂文森（Robert Louis Stevenson）的《化身博

---

1 亨特最聪明的发现可能是解决了关于消化的长期争议。当时许多科学家认为，胃对食物的消化，要么是通过加热分解，要么是通过机械地搅动食物。但亨特注意到尸体的胃部有洞，提出了化学消化。他推断，在人死后，身体会停止产生排在胃里的保护性黏液，胃酸就开始消化器官本身。这解释了洞的产生原因，而热力理论和机械理论都无法解释。我们现在知道，机械搅拌在消化过程中确实发挥了作用，但化学作用是主要的。

士》(*Dr. Jekyll and Mr. Hyde*)[1]
的原型，就是这所虚伪的房子
以及亨特的日常生活。

解剖学家、外科医生、盗墓教唆者约翰·亨特是小说《化身博士》的原型［约翰·杰克森（John Jackson）绘］

盗墓者通常组队工作。不太成熟的团队会在乱葬岗上盗墓，也就是那些无人看管的露天墓坑，这些墓坑最终会填满贫民的尸体。好的团队有更复杂的组织方式。其中许多团队雇用了不太引人注意的女性密探，让她们在医院和救济院附近徘徊，等待人们死亡。然后，密探会参加"黑夜"（盗墓贼关于葬礼的黑话），并跟随守夜人到"医院的摇篮"（墓地），记下墓穴的位置。密探还会留意有没有陷阱，比如埋在土里的弹簧步枪和一旦破坏就会爆炸的"鱼雷"棺材。不那么夸张的是，一些家庭会在墓地表面用树枝、石头或牡蛎壳摆成图案，这样就可以知道土地是否被动过。女密探将所有信息传递给同伙，以获得收益分成。

实际的盗尸发生在晚上。掘尸者必须成为业余的天文学家，因为要绘制月升图和月相图，以确定什么时间最黑暗。不太需要担心守卫，如果墓地有守卫，团伙要么贿赂他，要么让他醉到昏睡过去。然后，盗墓者会蹑手蹑脚地走到新坟前，拆除所有的陷阱，记住树枝或贝壳的图案，然后用柔软、安静的木铲开始挖掘。

这些团伙很少挖掘整具棺材，因为工作量太大了。相反，他

---

1 *Dr. Jekyll and Mr. Hyde* 直译是"杰基尔医生与海德先生"，由这部小说改编的同名电影在20世纪40年代引入上海时被译为《化身博士》，故沿用至今。需要说明的是，小说中的杰基尔更准确的头衔应该是医生，而不是博士。——译者

们只会露出棺材的头部，然后在棺材盖下面用撬棍撬开，利用覆盖在上面的泥土的重量把盖板打碎。在尸体的胳膊下滑过一根绳子，取回战利品。为了防止尸体被人认出，他们经常残忍地毁掉其脸部。离开之前，他们会把尸体上的裹尸布和珠宝剥下来扔掉，因为偷窃黄金或衣服会使罪行升级为死罪。专业人员可以在15分钟内清空一座坟墓，而且他们是名副其实的毕加索，可以重现一个未被打扰过的墓地的样子。也许不止一个团伙潜入同一片教堂墓地开始挖掘，却发现下面是座空坟——这是更守时的对手的作品。[1]

（盗尸者也有其他赚钱的招数。一些人不通过掘坟来弄脏自己，而是通过招摇撞骗。他们会拜访救济院或医院，挑选一具尸体，然后开始哭泣，撕扯他们的衣服，声称这是他们亲爱的"叔叔"或"大姨"。类似地，一些团伙会把尸体卖给解剖学家，然后让一名同伙在一小时后、解剖开始前敲开他的门。同伙冒充是尸体的亲戚，要求归还尸体，并威胁说要报警，然后整个团伙就会走到街上去找另一个解剖学家，再次出售尸体。更无耻的是，有团伙将他们还活着的朋友裹在麻袋里，卖给解剖学家。他们显然是希望解剖学家将麻袋放在一边过夜——到那时，这个朋友就会跳出来，随意洗劫房子，然后偷偷溜走。不过当解剖学家意识到"尸体"还活着的时候，计划就落空了。）

团伙盗取成人尸体可获得统一的费用，在亨特时代大约是2英镑——相当于一个农场工人一整季的收入。对于小孩，团伙

---

1 在夏季死亡的人比较幸运，因为他们的尸体在高温下腐烂得更快。因此对解剖学家来说用处不大，解剖学家经常在夏天休息。在冬天死亡几乎总是意味着尸体被盗。在特别寒冷的日子里，当尸体仍然僵硬的时候，盗尸者甚至不需要掩盖尸体。他们可以简单地把尸体像乘客一样放在马车上，然后直接开到解剖学家的后门。在其他情况下，尸体被藏在裹尸布或麻袋里，甚至被装在标有"猪肉"或"牛肉"的桶里运走。这可能解释了本章后面的童谣中关于"牛肉"的那句话。

按英寸¹收费。对于罕见的标本（例如最后几个月的孕妇），价格可能上升到20英镑（相当于今天的2 500美元）。一个勤劳的盗墓者曾在一个晚上挣到了100英镑。

无论多么有利可图，这项工作都很危险。如果被抓住，盗尸者有可能被关进监狱或者被送到殖民地。²尽管警察会睁一只眼闭一只眼，但民众不会：盗尸者经常被殴打、枪击或用金属丝鞭打。有一群人表现出了强烈的讽刺感，试图把盗尸者活埋在他们刚挖好的墓坑里。一些解剖学家就像教父一样，会关照他们最可靠的盗尸者，把他们从监狱里保释出来，或者在他们坐牢的时候照顾他们的家人。但是，如果解剖学家背叛了他们，或者从竞争对手那里购买尸体，团伙就会毫不犹豫地闯进实验室，把尸体砍掉，使其无法用于解剖。这是简单直接的黑手党策略。**你的小尸体很漂亮。如果它出了什么事，那就太可惜了。**

然而，亨特很少与盗尸者发生冲突，主要是因为他承担不起后果：他的所有研究都指望他们。后来他估计，在为哥哥工作的十几年里，他实施或观察了2 000具尸体的解剖——平均每两天一具。

考虑到几乎每具尸体都是偷来的——有时是亨特自己偷的——这已经够糟糕了。但月复一月、一具尸体接一具尸体，亨特也长出了道德的老茧，曾经的人类对他来说很快就变成了一袋

---

1 解剖学家很乐意解剖婴儿和儿童，部分是因为他们希望描绘人类生长和发育的过程，这是当时的热门科学话题。更实际的是，婴儿是方便的教学标本。为了研究神经和血管，解剖学家必须在整个身体中泵入色蜡或水银，有时还得通过管子吹入。将液体泵入小孩的身体比泵入成年人的身体要容易得多。

顺便说一下，解剖学家根据不同组织的腐烂速度，按照严格的顺序解剖尸体。首先是小腹，因为这些器官很快就会腐烂。然后是肺部（伦敦的煤烟空气常常使其变黑）和心脏。肌肉的腐烂速度较慢，因此可以暂时放在一边。最后是骨头，解剖学家有时会把它们连在一起，形成骨架。尽管着急处理这些腐烂的部分，但解剖室常常散发着腐肉的气味——解剖学家本人也是如此。为了让他们专注学习，医学院经常禁止外科学徒结婚，但考虑到他们每天大部分时间都在这里度过，你会怀疑这种禁令是否有必要。

2 需要澄清一些法律上的微妙之处：拥有一具尸体并不是犯罪，严格来讲，没人能拥有一具尸体，而且尸体也不被视为财产。也就是说，盗尸者仍然可能因为非法侵犯坟墓而被打一顿。而且重申一遍，偷窃尸体上的衣服或珠宝绝对是犯罪，通常会被判处死刑。

袋骨头而已。最不光彩的一幕可能要数爱尔兰"巨人"查尔斯·伯恩（Charles Byrne）。

伯恩很高——据小报说身高8英尺4英寸——人们说他肯定不用踮起脚就能用煤气路灯点燃烟斗。当时的学者认为，他梦幻般的身高是因为他的父母在干草垛上交媾，而现代医生认为是脑垂体肿瘤导致生长激素过多。伯恩赚钱的方式是在爱尔兰和英格兰的乡村集市上展示自己，他穿的衣服有巨大的褶边袖口，戴着顶帆大小的三角帽。他曾见过一次乔治国王，而约翰·亨特在看到伯恩的那一刻起，就痴迷于解剖他。

为此，亨特在伦敦找到了伯恩，提出要在他死后买下他的尸体。亨特认为这是一种荣誉，谁不想被世界顶尖的解剖学家解剖呢？（亨特不是伪君子，后来他让自己的助手在他死后解剖了他。）但亨特的痴迷使他忽略了一个事实：大多数人认为解剖是一种可憎的行为。伯恩听到这个提议几乎是惊叫了起来。在送走亨特后，巨人召集了他的朋友，让他们对着上帝发誓，在他死后把他的尸体扔进大海，以免被这个解剖学家抓走。

对伯恩来说可悲的是，死亡比预期来得更快。脑垂体疾病会导致关节炎和严重的头痛，据报道，他开始通过喝酒来消除痛苦。（亨特通过他雇的密探了解到这一点，密探在酒馆之间跟踪这位巨人。）伯恩需要喝大量的酒才能酩酊大醉，而他的肝脏最终被拖垮了。他最终在1783年6月因饮酒过度而死亡，当时只有22岁。

据一家报纸报道，解剖学家们开始围着伯恩的房子转，"就像格陵兰的鱼叉手围着一头巨大的鲸鱼"。伯恩的朋友订购了一口双桅船大小的棺材，考虑到他在世时曾展示过自己，于是他们把他的尸体也展示出来，开始出售门票。然而，他们说到做到，没有人得到尸体。经过4天的变现，他们和一名殡仪业者开始了长达75英里的大海之旅，以实现逝者的遗愿。

遗憾的是，送葬者们更多的是出于善意而不是出于理智。在6月的高温下，拖着一口巨大的棺材走来走去是件很辛苦的事，所以爱尔兰小伙子们每隔几英里就停下来，用麦芽酒提神并向死者敬酒。他们很负责，总是把棺材带进酒馆看管；如果棺材放不下，就安排人保护。例如，有一家酒馆的门太窄了，所以他们接受了殡仪业者的建议，把尸体存放在附近一个谷仓里。最终，这群流浪的守灵人到达坎特伯雷附近的海岸，雇了一条当地的船，划到深海，把这位爱尔兰巨人的棺材从船头推下去，看着它沉入海底。

　　与此同时，这位爱尔兰巨人的尸体回到了伦敦。在守灵人出发之前，亨特的密探就找到殡仪业者，贿赂他50英镑，请他合作。殡仪业者感到了他的渴望，很快就把报价提高到令人难以置信的500英镑（相当于今天的5万美元）。亨特支付不起，但狂热使他同意了。然后殡仪业者把伯恩的朋友引到那家门很窄的酒馆，他知道棺材是放不进去的。他已经贿赂了附近谷仓的主人，让他把一些工具和人藏在里面的稻草中。当伯恩的朋友尽情欢乐时，殡仪业者拧开了棺材盖，把巨人藏在稻草中，然后用精确称量的铺路石替代他。之后，棺材与尸体朝不同的方向前进。第二天早晨，亨特拖着巨人穿过他家的"化身博士"入口。

　　奇怪的是，他并没有解剖过伯恩。否则，他那双训练有素的眼睛可能会发现垂体瘤，并将其与巨人症联系起来，这种联系在下一个世纪还没有被发现。[1]亨特被伯恩的朋友吓到了，放弃了自己的计划。相反，他专注于煮熟尸体来保存骨架。他用一个巨大的铜桶完成这项任务，像煮汤一样把脂肪撇掉，然后把巨人的骨头挑出来。亨特最终在伦敦开了一家解剖学奇物博物馆（一位作

1　著名神经外科医生哈维·库欣（Harvey Cushing）最终在1909年打开了这位爱尔兰巨人的头骨，发现了肿瘤的确凿证据。也就是说，他注意到，在伯恩身上被称为"土耳其鞍"的结构——位于颅底的存放脑垂体的鞍状切口——扩大了，这在巨人身上很常见。

家称其为"亨特的人类苦难收藏"），这具7英尺7英寸的骨架成为中心展品。违背了这位巨人的遗愿，它至今仍在展出。

亨特留下了两份相互矛盾的遗产。毫无疑问，他是当时最伟大的科学家之一，对人类身体的运转有几十项新发现。除了具体的发现，他还开创了一种新的医学精神，强调观察和实验，将医学从放血和烟草灌肠的领域中拖了出来。这是朝科学尊严迈出的一大步。他还启发了无数的学生（仅举两例：爱德华·詹纳和詹姆斯·帕金森）。在他1793年死后，医学院的入学人数激增。

尽管如此，亨特的道德缺失严重损害了他的声誉。我们不应该谴责过去的科学家不符合今天的道德标准，但即使在他那个时代，人们也鄙视亨特。他用一种巧妙的方法成功地既得罪了贵族医生，又得罪了平民大众，前者反感他与盗尸者为伍，后者厌恶成为他的研究素材。亨特偷窃查尔斯·伯恩的尸体时，连他的解剖学同事都感到脸红。他是个很典型的例子——通过指出所有的好结果来合理化自己的罪行，仿佛伦理学只是道德会计，善行可以抵消恶行。

更糟糕的事情还在后面。亨特把盗墓从学生的肆意妄为转变成一种产业，他在这方面做得最多。他购买了大量尸体，扭曲了尸体市场。医学院的招生热潮进一步加剧了尸体短缺，推动了价格上涨，从18世纪80年代的大约2英镑，到19世纪初某些地方的16英镑（接近1 000美元）——相当于一个普通工人5年的收入。可以肯定的是，亨特不是怪物。无论他的良心有多大弹性，他至少是有良心的。但当尸体的价格上升得如此之高，那些没有顾忌的人就更想加入这个游戏。比如伯克和黑尔这样的人。

用枕头闷死老人的记忆折磨着威廉·伯克。为了入睡，他在晚上大口大口地喝威士忌，甚至在床头柜上也备了一瓶。威廉·黑尔则没有那么多烦恼。那个老头无论如何都会死，所以又何必担心呢？

然而，考虑到他们的情况，两个人都没有归还挣来的钱。伯克当时三十多岁，在爱尔兰的贫困家庭长大，年轻时有了一个孩子。为了养家糊口，他最终独自搬到了苏格兰，做了各种没有前途的工作——挖运河、当兵、烤面包。他在家乡的妻子最终不再给他回信，而他在爱丁堡与另一个女人同居。黑尔的背景比较简单。他可能比伯克年轻，可能也是从爱尔兰移民来的。伯克长着一张圆润温暖的脸，而黑尔有一双狭长的眼睛，以及莎士比亚警告过的那种精瘦的饥民样貌。几年来，黑尔一直在帮助管理他妻子玛格丽特（Margaret）的公寓，但他们的生活只能勉强维持。做鞋匠的伯克也是经济拮据，因此，无论是否良心不安，当伯克再次缺钱时，黑尔几乎不费吹灰之力就说服了他的朋友再次杀人。

1828年2月中旬，一个名叫阿比盖尔·辛普森（Abigail Simpson）的老妇人在该公寓开了一间房。伯克和黑尔把她灌得酩酊大醉、

对伯克－黑尔谋杀案的很不准确的戏剧化处理。受害者几乎都是醉醺醺的，两个人都参与了谋杀——不是勒死，而是坐在受害者胸口，堵住口鼻。这种谋杀方法现在被称为"阻闭口鼻扼杀法"［罗伯特·西摩尔（Robert Seymour）刻版］

呕吐不止，但他们一直用波特酒和威士忌灌她，直到她昏迷过去。说实话，她当时可能已经死于酒精中毒，但为了保证万无一失，黑尔躺在她的胸口，伯克捏住她的口鼻，直到她倒下不动为止。辛普森的尸体可能卖了10英镑左右，虽然伯克在晚上又开始大量喝酒，但入睡还是比较容易的。

这样的事情很快就变得越来越简单。伯克曾说过，"我们宁愿为一只大绵羊而被绞死，也不愿为一只小羊羔而被绞死"。在接下来的10个月里，他们进行了历史上最大的谋杀狂欢之一，用阻闭口鼻扼杀法又杀了14名受害者。他们杀了一个老太太和她的智障孙子，还杀了嘴里只有一颗牙的老妇人，以及据说是顺路来找她的女儿。还有两个他们甚至不知道名字的受害者。起初，伯克和黑尔只是在公寓里等待合适的人选，但最终他们心痒难耐，开始引诱人们进来。伯克是个健谈的人，有一张热情的脸，他会在清晨时分徘徊在酒类专卖店附近，寻找那些需要日常醒神的倒霉酒鬼。然后赢得他们的信任，邀请他们到黑尔家吃顿热饭，再喝几杯酒。当受骗者最终晕倒时，两个人便快速行动。伯克记得受害者将死时"会抽搐，肚子里发出隆隆的声音"。随后，所有尸体都被送到解剖学家罗伯特·诺克斯那里。

诺克斯没有约翰·亨特那么出色，但他也是有才华的科学家，而且要文雅得多。讲课时，他穿着漂亮的大衣和镶有花边的衬衫，手指虽然被染成红色，却戴着钻石戒指。不过，他和亨特一样对人体感兴趣，而且他在爱丁堡面临着激烈的尸体竞争——爱丁堡每年都有数百名新的医学生。鉴于

臭名昭著的罗伯特·诺克斯医生，他从谋杀犯伯克与黑尔手中"买牛肉"（惠康信托提供）

这种压力，他很容易接受任何敲门人的尸体。后来一首关于这三个人的童谣说："伯克是屠夫，黑尔是窃贼，还有买牛肉的诺克斯。"

的确，诺克斯的助手怀疑过伯克和黑尔。一次，其中一个助手居然问了伯克一些棘手的问题，关于某具尸体是从哪里来的。（伯克回击道："如果我要被盘问，我会告诉诺克斯医生，自己选择地点和时间！"助手退缩了。）即便助手告知了诺克斯，他也无动于衷。任何有能力的解剖学家都可以在伯克和黑尔提供的尸体上看到窒息的迹象：眼睛充血、脸色潮红、嘴边渗出明显的血迹。但完整的舌骨让诺克斯有了合理的推诿理由。反正大多数受害者身上都有酒气，酗酒者因呕吐物而窒息是很常见的情况。总之，诺克斯对任何麻烦的迹象都睁一只眼闭一只眼，不愿意惹恼这些可靠的供应商，不愿意打断自己的研究。

诺克斯买的"牛肉"越多，伯克和黑尔就越肆无忌惮。一天，伯克看到两名警察在骚扰一个醉酒的女人，于是侠义地提出护送她回家，但他把这个女人引到了黑尔家中，并对她使用了阻闭口鼻扼杀法。最有胆量的谋杀案涉及达夫特·杰米（Daft Jamie），一个受人喜爱的"镇上的傻瓜"，他光着脚在街上游荡，人人都知道他的存在。但伯克和黑尔依然把他杀掉了，并拖到诺克斯那里。他们没有像对待其他受害者那样烧掉杰米的衣服，而是把衣服送给了朋友。有几件衣服在镇上被前主人认出来了，他们感到很困惑。当诺克斯和他的团队聚集在一起解剖达夫特·杰米时，一名助手看了一眼杰米的脸，然后倒吸了一口冷气。沉默寡言的诺克斯什么也没说，并命令他们做好准备。

这样的侥幸逃脱只会让伯克和黑尔更加胆大妄为。1828年万圣节前后的三起谋杀案使他们的谋杀狂欢到达了高潮。这一次的客人——一对年轻的夫妇安·格雷（Ann Gray）和詹姆斯·格雷（James Gray），以及一个身材娇小、名叫玛格丽特·多切蒂

（Margaret Docherty）的四十多岁爱尔兰女人——并没有住在黑尔家，而是住在伯克和他同居女伴的家。（伯克在一家杂货店骗了多切蒂，声称自己也姓多切蒂。）为了先杀死多切蒂，伯克找了几个很容易识破的借口把安和詹姆斯送走了。黑尔随后在伯克的住处与他会面。像往常一样，伯克和黑尔把多切蒂灌醉，也许是怀念家乡，他们还诱导她唱了一些爱尔兰小调。随后，事情发生了意想不到的转变。大约在晚上11点，伯克和黑尔发生了激烈的争吵，伯克开始试图勒死他的伙伴。多切蒂尖叫着说："杀人啦！杀人啦！"楼上的邻居报了警。

然而，由于当晚是万圣节，一个充满恶作剧的夜晚，警察在其他地方忙碌。没有人过来，当伯克和黑尔终于停下来时，他们把杀人的怒火转向了多切蒂，对她实施了阻闭口鼻扼杀法。他们脱掉了她的红袍，把她的尸体藏在床脚的稻草里。

令人难以置信的是，第二天早晨，伯克让安和詹姆斯回到他的房子，可能也是为了谋杀他们。但安——整个故事的主人公——对他的行为感到怀疑。伯克笨拙地洒了几次威士忌，似乎是为了掩盖气味，当安提出要整理他的房子时，伯克拒绝了。安特别注意到，他从不让自己靠近床脚的稻草。

最后，在11月1日万圣节的晚些时候，安独自一人在屋里，于是径直朝稻草走去。她怀疑伯克和黑尔在万圣节实施了抢劫，而非法物品就藏在那里。但她发现了一只手臂，手臂连着一个赤裸的女人，嘴唇上流着血。安抓住她的丈夫要逃走，他们在门口遇到了伯克的同居女伴海伦。海伦给他们钱让他们保密，但安和詹姆斯推开她跑去报警。[1]

但警方很快就意识到，这并不是一目了然的案件。是的，有

1　尽管她很英勇，但安·格雷的故事并没有好结局。她的丈夫詹姆斯在他们与伯克和黑尔发生冲突的几个月后就死了。与当时的许多寡妇一样，她基本上陷入了贫困。

一具尸体，但伯克和黑尔声称多切蒂喝醉了并窒息而亡。因此警方要了点小手段，权衡了两人的性格，认为黑尔的威胁较低，向他提供了认罪协议。这很管用。黑尔做了污点证人，作为回报，他逃脱了所有指控。

伯克的审判在12月下旬开始，连续进行了24小时，不可避免地以有罪判决告终。法官判处他绞刑。与此同时，黑尔走出法庭，成为自由人——尽管必须伪装起来，因为有一群人正等着复仇。他像野兔（hare，同黑尔的英文名）一样逃走了。在不同城镇遇到一些惊险的事情之后，他终于逃离苏格兰并消失了，他的晚年和早年一样神秘。

一个月后，伯克在一个下雨的早晨被绞死。死亡本身并不引人注目，尽管监狱周围建筑物的每一扇窗户都挤满了人。令人满意的是，他的尸体随后被转交给罗伯特·诺克斯最大的竞争对手，用于解剖和在博物馆展出。可怕的是，这个对手甚至用羽毛笔蘸着伯克骨头上的血写了一张标语牌："这是用威廉·伯克的血写的，他于1829年1月28在爱丁堡被绞死……"

诺克斯差一点就被起诉了，但没有证据：他仍然可以声称自己不知道。爱丁堡的一群人还是为他建造了雕像，据一个同时代的人回忆，是"光头之类的东西"。人们没有烧掉这座雕像，而是对它实施了阻闭口鼻扼杀法。

对伯克-黑尔谋杀案（以及伦敦的一些模仿杀人案）的愤怒最终迫使英国官员解决解剖尸体短缺的问题。具体而言，他们出台了一项法律，向解剖学家提供来自救济院和慈善医院的无人认领的尸体，这些尸体没有家人或朋友前来认领。这不仅会增加可用于训练和研究的尸体数量，还会削弱尸体黑市，使科学家能够与小偷、暴徒、盗墓者断绝关系。

但是，无论这个解决方案看起来多么合理，使用无人认领的尸体也会引起伦理问题。穷人尤其讨厌这个计划，因为大部分尸体仍由穷人提供。毕竟，死在救济院里无人认领的尸体生前并不会是有钱有势的人。

对于这一不满，一个政客给出了无情的回应，他辩称，为研究提供尸体是穷人至少可以做的。毕竟，他们一生中都在用公共资金享受所有的免费食品和医疗服务。（他的竞争对手反驳，他也支持解剖那些吸食公共乳汁的人，建议从皇室开始。）更悲悯的是，该法律的一些支持者指出，尽管提供尸体的负担不公平，但改善医生的训练将使穷人比任何群体都更受益。首先，疾病对穷人的打击往往要大得多。富人能够负担得起请有经验的医生和外科医生的费用，但穷人只能找需要摸索和容易犯错的新手。鉴于这种情况，新手在死人身上犯错比在活人身上犯错要好。换句话说，允许解剖无人认领的尸体是两害相权取其轻的做法，总体上减轻了穷人的痛苦。

最终，这种论点赢得了胜利，议会于1832年通过了《解剖法案》（Anatomy Act）。然而，虽然该法案缓解了英国的紧张局势，但并没有平息美国的怨恨。美国人一直很厌恶解剖学家，"解剖学骚乱"是生活中的常态。特别是美国最著名的机构哈佛大学的解剖学系被卷入了极为卑鄙的丑闻，当时一位杰出校友失踪了，并出现在他不应该出现的地方，而且已经成了被熟练解剖的碎块。

第四章

谋杀

教授与看门人

据传说，美国的第一次解剖学骚乱始于一个粗俗的笑话。1788年4月的一个下午，纽约总医院的一名医学生正在实验室里解剖一具女尸。他突然意识到还有别人，一群街头顽童正聚集在窗外——睁大眼睛看着一个真正的死人。

这位学生感到很恼火，他希望平静地工作。因此，为了吓唬这些男孩，据说他抓起了尸体的手臂，向他们挥舞。**呜呼！**然后他喊道："这是你妈妈的手臂。我刚挖出来的！"

哈哈。不幸的是，其中一个男孩确实刚刚失去了母亲，他跑回家向他的父亲哭诉。父亲拿起一把铲子，走到他已故妻子的坟墓前。他发现正如所料，里面什么都没有。他非常愤怒。

他并不是唯一有此遭遇的人。盗尸案对穷人的打击一直比对富人的打击更大。富人买得起铁笼（mortsafe）之类的防盗器，铁笼围在棺材四周，使它们很难被偷走。富人也雇得起私人警卫，在尸体腐烂至无法解剖前的一两个星期内看护他们的亲人。穷人没有这样的保障，在美国，某些群体受到的打击尤其严重：美洲印第安人，被奴役的黑人和自由黑人，德国和爱尔兰移民。因此，当男孩的父亲从墓地回来并提议冲进纽约总医院时，许多愤怒的邻居愿意加入。

到达医院的民众有数百人之多，医生和解剖学家惊慌失措地逃走了，其中一个人躲在烟囱里。骚乱者开始把所有医疗设备拖到街上砸烂。他们还烧毁了解剖学标本，重新埋葬了几具不同腐烂状态的尸体。

然而，捣毁建筑物并没有平息民众的怒火。他们的人数在一夜之间激增，第二天，他们向哥伦比亚大学的另一栋医学大楼进发。亚历山大·汉密尔顿（Alexander Hamilton）[1]不得不亲自站在台阶上，恳求他们停下来。与此同时，纽约市长为了自身安全，把几名医学家关进了监狱。此时的骚乱者已经有五千人之多，他们毫不退缩，聚集在监狱前面。他们砸碎了监狱的窗户，推倒了栏杆，咆哮着："把那些医生带出来！"黄昏时分，惊恐的市长终于召集了民兵。他还恳求当地的政治领袖前来帮助恢复秩序。

无论多么紧张，如果没有接下来的事，局势也许能够平息。在被召集的政治领袖中，有未来的最高法院法官和未来的纽约州州长约翰·杰伊（John Jay）。但他的恳求并没有什么用。像他这样的贵族怎么会了解亲人坟墓被盗的痛苦呢？有人向他扔石头，砸碎了他的头骨。

另一位被召来的领袖是冯·斯图本男爵（Baron von Steuben），陆军将军，独立战争的英雄之一。他也被砖头砸中了头骨。据说，当冯·斯图本跟跟跄跄、血肉模糊地退后时，他要求市长下令，让民兵开火。

严格来说，这并不是个命令。但士兵们已经吓坏了，不需要任何鼓动。当他们听到一位将军喊"开火"时，便拿起了步枪，向人群开火。据估计，烟雾散去时，街道上躺着多达20具尸体。骚乱始于一具尸体，而结束于更多尸体。

纽约并不是特例。内战之前，在波士顿和纽黑文，在巴尔的摩和费城，在克利夫兰和圣路易斯，美国至少发生了17起解剖学骚乱。同样，盗墓的负担主要落在穷人身上，但富人也不能幸免。在俄亥俄州，美国参议员约翰·斯科特·哈里森（John Scott Harrison）——前总统威廉·亨利·哈里森（William Henry

---

1 亚历山大·汉密尔顿后来成为美国的第一任财政部长（1789年）。当时，他的身份是纽约州议会中的议员。——译者

Harrison）的儿子，未来总统本杰明·哈里森（Benjamin Harrison）的父亲——也被挖了出来，被剥光了衣服，躺在地上被解剖，直到他的家人赶过来救了他。[1]

最终，美国大多数州以英国1832年的法案为蓝本通过了《解剖法案》（又名《骨头法案》）。法案授权医学院从医院和救济院获得无人认领的尸体。但这些法案在美国引发了与大西洋彼岸相同的伦理问题。更重要的是，人们很快发现，使用无人认领的尸体不仅在道德上有问题，而且在科学上也存疑。因为虽然听起来很疯狂，但人的收入会影响其解剖结构。

这些差异源自激素。穷人之间当然有很多个体差异，但一般来说，承受慢性压力（chronic stress）的穷人的比例高于中产阶级和上层阶级。原因是显而易见的。穷人通常有更多的医疗问题，却只有更少的治疗手段。他们也接触到更多的污染物，特别是在19世纪，许多穷人面临饥饿和被驱逐的问题。身体对这种压力源的反应是释放肾上腺素等激素，而慢性压力会影响释放这些激素的腺体的大小和形状。有些腺体会膨胀，像过度劳累的肌肉一样。其他腺体则会耗尽自身而萎缩。由于当时只有穷人被解剖，从他们身上学习解剖知识的医生对这些健康腺体的样子有一种扭曲的看法。他们的科学研究中存在着系统性偏差。

这不仅仅是学术上的担忧，还导致了真正致命的后果。

19世纪，许多婴儿开始死于我们现在所谓的"婴儿猝死综合征"（SIDS）。当然，医生想知道原因，所以开始解剖猝死的婴儿。他们注意到，大多数死于SIDS的婴儿都有巨大的胸腺。但实际上，这些是正常胸腺。它们之所以**显得**大，是因为医生的参照对象是

---

1 就连亚伯拉罕·林肯也成为一场盗尸阴谋的目标，尽管不是为了解剖。在1876年的大选之夜——选这个夜晚是因为人们的注意力会被新闻分散——几名重罪犯闯入林肯的墓穴，抢走了他的骨头，扣押它们以索取赎金。除了换钱，他们还希望用这些骨头作为筹码，帮助他们的好朋友从监狱里逃出来，这个朋友是造假专家。很不幸，特勤局派了一名特工混入他们的团伙，挫败了他们的阴谋。

通常在贫困家庭的婴儿身上发现的萎缩的胸腺。这些贫困婴儿往往死于慢性和压力性疾病，比如腹泻或营养不良。根据SIDS的定义，婴儿在腹泻或营养不良使他们的腺体萎缩之前就已经死亡。因此，他们的胸腺是正常大小的。

由于不了解这一切，病理学家开始将婴儿猝死综合征归咎于胸腺肥大。他们认为这些胸腺会压迫婴儿的气管并使他们窒息。因此，为了缩小这些腺体，20世纪初的医生开始用辐射破坏它们。成千上万的儿童被烧伤，腺体衰竭，后来还患上了癌症。据估计，这导致约10 000人过早死亡。这是个令人悲痛的例子，说明不道德的科学实验可能导致危险的结果。

最终，使用自愿捐赠的尸体代替了使用无人认领的尸体。哲学家杰里米·边沁（Jeremy Bentham）是功利主义的创始人，他在1832年成为史上第一个将自己的尸体捐献给科学研究的人，部分原因是他想减少解剖的羞耻感。他的善举在当时并没有说服很多人。但在20世纪中期，世界已经开始接受边沁的思想。今天，医学院里解剖的大多数尸体都是捐献的。

尽管如此，今天的医学院仍然需要努力寻找足够的尸体。2016年的一项分析发现，纽约的医学院培训新医生需要800具尸体，但还差36具，缺口约占5%。在其他州，这一缺口接近40%。印度、巴西和孟加拉国等国家面临更大的不足。尼日利亚有近2亿人口，但那里的一些医学院每年获得的捐献为零。为了弥补短缺，后世的盗尸者正在重新挖掘被埋葬的尸体，或者从葬礼的火堆中掠夺尸体，并在"器官市场"（red market）上出售。

涉及的对象也不再是完整的尸体。和偷车贼把汽车拆成零件一样，盗墓者也通过肢解尸体、出售单个组织来赚取更多的钱，最高可达20万美元：牙齿、耳膜、角膜、肌腱，甚至膀胱和皮肤。死者的家人往往不知道发生了这些事情：有些人从殡仪馆接回他们的亲人，却发现骨头被换成了PVC管。（至少他们拿回了完整的尸体。2004年，斯塔滕岛的一名丧葬承办人被抓获，他以3万美元的价格将尸体卖给了美国陆军。陆军给尸体穿上装甲鞋，并将其悬挂在地雷上，以测试这种鞋的性能。）的确，关于移植器官（肺、肝、肾）的国际法律相当健全，可以防止这种贩运。但除此之外，正如一位解剖学家所感叹的那样："我们对（进口）水果和蔬菜比对身体器官更谨慎。"而且，虽然穷人再次面临被分尸的风险，但长期担任《杰作剧院》（*Masterpiece Theatre*）主持人的阿利斯泰尔·库克（Alistair Cooke）在2004年也遇到了这种情况。

　　如果这一切让你对解剖学反感，那么你并不孤单。解剖学家也在争论不同做法的伦理问题，甚至在那些解剖学真正有用的情况下（例如，通过法医工作将谋杀犯绳之以法），研究中也总是有可怕的暗流涌动。事实上，法医解剖学的源头主要可以追溯到1849年哈佛医学院的一个可怕案例。在许多方面，这是该领域的过去和未来之间的对抗：美国医学界最优秀的头脑必须确定这究竟只是一场不光彩的盗尸者交易，还是发生了更邪恶的事情。

　　首先让看门人想到谋杀的是那只火鸡。1849年的感恩节，看门人的餐桌上放着一只美味的火鸡，这是他的老板韦伯斯特博士送的礼物。然而此时他却在哈佛医学院地下室的厕所里猛踢砖墙。他想在家里美餐一顿，但他就是吃不下，所有的线索都在啮咬着他的良心。

　　纠结于此案的并非只有这位看门人。马萨诸塞州剑桥市的人在那年11月几乎没有聊过此案之外的其他事情。乔治·帕克曼博士（Dr. George Parkman）又高又瘦，步履僵硬，站得笔直，使他

A CORRECT LIKENESS OF DR. PARKMAN.
AS LAST SEEN PREVIOUS TO THE MURDER.

失踪的乔治·帕克曼（美国国家医学图书馆提供）

的下巴以奇怪的角度翘起。星期五下午他经过一家杂货店，买了些碎块糖和6磅黄油。然后他请杂货店主保存这些东西，外加给他残疾女儿的礼物：一棵莴苣——11月的美味。帕克曼告诉杂货店主他要去赴约，会马上回来取走所有东西。但他再也没回来。

年近六旬的帕克曼1809年毕业于哈佛医学院，但他从未行医。他更喜欢积累不动产，哈佛大学的三层医学大楼所在的土地实际上就是他捐赠的。不太高尚的是，帕克曼拥有几处贫民窟，对租金很苛刻。他还放高利贷，追讨债务人的每一分钱，特别是与他作对的债务人。

而约翰·怀特·韦伯斯特（John White Webster）博士就曾经和他作对。56岁的韦伯斯特有点坏人的模样。他比帕克曼晚几年从哈佛医学院毕业，并在伦敦做过住院医生，他喜欢参加伦敦的公开处决。"8点吊死，9点早饭！"他笑着说。毫无疑问，在那些日子里，他也抢到过一两具尸体。但在亚速尔群岛行医一段时间后，韦伯斯特放弃了医学，在哈佛大学教授地质学和化学。他的实验室就在医学大楼的地下室。他的讲座上经常有烟火表演，他喜欢

哈佛化学家、谋杀嫌疑人约翰·怀特·韦伯斯特（美国国家医学图书馆提供）

用笑气让学生们兴奋起来。

　　韦伯斯特尽管已经放弃了医生的工作，但仍然沉迷于医生的生活方式。当时典型的哈佛教授都独立而富有，身价约为75 000美元（相当于今天的230万美元）。四分之三的教授是整个社会前百分之一的人，一些教授拥有非常奢华的豪宅，甚至出现在当地的旅游地图上，人们路过时会目不转睛地盯着看。相比之下，韦伯斯特的工资是1 200美元，远低于大学的平均工资1 950美元。这不仅给他带来了不便，实际上也有可能让他保不住自己的工作。19世纪40年代中期，哈佛大学的一位意大利教授在破产后被迫辞职，这是没有达到哈佛大学社会标准的后果。所以韦伯斯特选择继续保持他作为医生所享受的生活方式，在剑桥市买了一栋有六间卧室、两间客厅的房子，用牡蛎和葡萄酒招待客人。但他请不起仆人——可耻的是，他的妻子和女儿不得不自己打扫灰尘——而且他的储蓄降到了很低的水平，以至于有一次他的一张9美元的支票被退回了。

　　韦伯斯特没有节省开支，而是在1842年找帕克曼借了400美元（相当于今天的13 000美元）。1847年，他又去借了2 000美元（相当于今天的62 000美元）。在接下来的两年里，韦伯斯特确实努力偿还了借款。但他缺乏理财能力，最后不得不将心爱的矿物和宝石收藏抵押给帕克曼。镇上的人很快就对韦伯斯特的债务窃窃私语，这让他很生气。有一次理发时，一个熟人开玩笑说："你见过人给猴子刮胡子吗？"这可能没有恶意，与韦伯斯特的财务状况无关。但韦伯斯特还是跳了起来，抢过理发师的剃刀，冲了过去，差点就砍伤了那个熟人。

　　到了1849年秋天，帕克曼缠着韦伯斯特要债，治安官也威胁要收回韦伯斯特的家具。韦伯斯特急于争取时间，背着帕克曼把自己心爱的矿物收藏品抵押给了另外两个债权人。不幸的是，其中一个是帕克曼的姐夫罗伯特·肖（Robert Shaw）。有一天，肖和帕克曼在街上正好遇到了韦伯斯特，肖向帕克曼询问韦伯斯特的财务状况，帕克曼问他为什么好奇，这时肖提到了矿物的抵押贷款。在短暂的困惑之后，他们意识到韦伯斯特把同一批藏品卖给了他们两个人。

帕克曼听到这个消息十分生气，最终在医学院的地下室与韦伯斯特对峙。他要求说，**还我钱，否则有你好受的**。两个人都失去理智，大楼的看门人听到了他们的争吵——包括帕克曼威胁说"必须有个结果"。韦伯斯特最后答应凑出483美元（相当于今天的15 000美元），并在感恩节前的星期五准备好。

到了星期五，帕克曼在杂货店买了糖和黄油，然后放下了莴苣。他抬起下巴，走去找韦伯斯特收钱。韦伯斯特后来告诉警察，帕克曼二话没说，抓起483美元就匆匆离开了。

这时，神秘的事情开始了。帕克曼有严重的强迫症，所以当晚他没有回来吃晚饭时，他的家人就开始担心了。第二天早晨他也不在，这让他们感到恐慌。在偷偷调查之后，家人在报纸上刊登了一则公告，悬赏3 000美元（相当于今天的92 000美元）征集信息。看到公告后，懊恼的韦伯斯特拜访了帕克曼的哥哥，解释了他们的会面。听到这个消息，一家人都感觉到紧张。帕克曼有个坏习惯，就是在收完债后随身携带过多的现金。他曾经因此被抢劫过，而且毫无疑问还会被抢劫，并惹上杀身之祸。家人怀着沉重的心情，在报纸上刊登了第二份公告，悬赏1 000美元赎买帕克曼的尸体。

在此期间，警察开始在附近的查尔斯河（Charles River）上搜寻。他们还殴打了一些本地混混，希望获得一些信息，但没有一丁点可靠的结果。最后一次确认看到乔治·帕克曼是在哈佛的医学大楼。事实上，有传言说，有人看到帕克曼的狗在大楼附近徘徊，似乎在等待它的主人出现——帕克曼经常带着它去收债。

因此，在感恩节的前几天，警察来到医学院四处打探。首先，他们搜查了看门人在地下室的公寓，包括他的床底。什么都没有。直到这时，警察才非常不情愿地去隔壁房间，敲了敲韦伯斯特的办公室——他们不喜欢打扰这样的知名学者。宽宏大量的韦伯斯特说他完全理解，让他们进去搜查自己的实验室。或者说至少搜查了大部分。没有人有足够的勇气搜查他的私人厕所。警察还发现了一个上锁的壁橱，当其中一名警察问里面有什么时，韦伯斯特说里面是爆炸性化学品。就这样结束了。没过多久，警察就向教授道别，回到了粗暴对待底层人的那种状态。他们不知道，一个更明显的嫌疑人一直在他们眼皮子底下。

埃弗莱姆·利特菲尔德（Ephraim Littlefield）不仅仅是医学院的看门人。他的下巴胡子延伸到脸部很高的地方，让他看起来像个温和的贵格会教徒，但他也被卷入了为解剖课采购尸体的肮脏业务。因为他和妻子住在医学院大楼的地下室公寓里，所以他能随时见到盗尸者。利特菲尔德也不介意做点副业。一年前，当地一名

哈佛看门人埃弗莱姆·利特菲尔德（美国国家医学图书馆提供）

医生在中期妊娠的堕胎手术中失手，杀死了病人。之后，他试图将病人的尸体和死胎卖给哈佛大学的医生老奥利弗·温德尔·霍姆斯（Oliver Wendell Holmes Sr.）。霍姆斯表现出了当时罕见的道德，他拒绝了。绝望之下，医生求助于利特菲尔德，请他处理尸体。

利特菲尔德答应了——只收了5美元。他拿到了钱，但医生还是被抓住了，利特菲尔德的受贿也让学校蒙羞。

这种黑暗交易本该使这个看门人成为帕克曼失踪案的头号嫌疑人——警方确实搜查了他在医学院大楼的公寓。因此，也许是为了洗脱自己的嫌疑，利特菲尔德在接下来的几天里开始了自己的调查，重点是他对他的老板韦伯斯特博士的一些疑虑。

利特菲尔德的地下公寓紧挨着韦伯斯特的实验室，由于看门人的工作包括每天早晨在实验室的炉子里烧火，他习惯于随意进出实验室。就在帕克曼消失后，韦伯斯特突然开始锁上实验室的门。但里面的火炉仍在熊熊燃烧——非常烫，利特菲尔德甚至无法触摸火炉另一边的墙壁，他甚至担心房间着火了。更奇怪的是火鸡，韦伯斯特一般不理会利特菲尔德这个帮手，而且这个教授是出了名的负债累累。但在感恩节的前几天，他却请看门人吃了一只8磅重的火鸡。为什么？还有他为什么要让利特菲尔德到城镇的另一头去取，而不是让人送来？他是想让利特菲尔德离开这里吗？

出于怀疑，利特菲尔德开始四处打探。一天，韦伯斯特对实验室外的敲门声充耳不闻，看门人贴在地上，屏住呼吸，从门口往下偷看。他只能看到韦伯斯特的脚，这个教授似乎在拖着什么东西走向火炉。后来利特菲尔德甚至从一扇打开的窗户溜进韦伯斯特的实验室，但在匆忙的搜查中没有发现任何不妥。

这时，他决定进行挖掘。感恩节那天，利特菲尔德发现医学院大楼空无一人。他那只8磅重的火鸡在慢慢变冷，而他让妻子放哨，自己则拿起斧头和凿子，悄悄爬进地下室下面的地窖，砍开厕所的砖墙。警察没敢搜查教授的厕所，但看门人的胆子要大得多。

不过，他有点懒。地窖有五层砖，斧头并不是合适的工具。

因此，利特菲尔德在90分钟后放弃了，又冷又饿。那天晚上，也许是为了发泄，他和妻子去参加了沙龙舞会，直到凌晨4点才回家。第二天早上他很迟钝，而且有一些零星的工作要做[1]，但他最终还是拖着疲惫的身躯去附近的铸造厂，借了一把锤子、一把更好的凿子和一根撬棍——他声称是要修一条新水管。然后他再次进入地窖。

他在一段时间内取得了迅速的进展。然后，他听到上面的地板传来了四声锤响——砰，砰，砰，砰——这是他妻子发出的信号，韦伯斯特来了。利特菲尔德放下一切，飞奔上楼，才发现是虚惊一场。尽管如此，韦伯斯特还是在不久之后出现了，利特菲尔德不得不在自己返回地窖之前把他打发走了。

几个小时后，他终于在里面的一层砖头上打开了一个洞。他举着灯笼，向黑暗中望去。但一股气流扑面而来，几乎熄灭了火焰。（鉴于他正在挖厕所，这股恶臭的气流无疑像掌掴般拍在他脸上。）尽管如此，利特菲尔德还是拓宽了洞口，并再次尝试，这次他走到里面时，用身体掩护着灯笼。这是个爱伦·坡[2]时刻。他看到的基本都是在厕所该看到的东西，但等眼睛适应了黑暗环境后，他注意到一件事。在坑的中央，有一具人的骨盆，发出暗淡的白光。

利特菲尔德冲去找警察，警察最终彻底搜查了实验室。他们在炉子的灰烬中发现了骨头碎片和假牙，还在厕所里发现几条腿，

1　在感恩节后的早晨，利特菲尔德还有一项更古怪的工作：为哈佛医学院的知名教授约翰·沃伦（John Warren）搬运骨相学半身像。读过我的书《恺撒的最后一口气》（*Caesar's Last Breath*）的人会知道沃伦是医学界首个倡导麻醉的外科医生。这是个很好的例子，说明在某些方面看起来如此现代的科学家，在其他方面却显得离奇地陈旧。

　　这也不是与麻醉的唯一联系。威廉·莫顿（William Morton，发现麻醉的牙医兼骗子）和查尔斯·T. 杰克逊（Charles T. Jackson）后来都在韦伯斯特的谋杀案审判中做证。杰克逊是控方证人，讲述了他在哈佛大学医学院大楼里看到的一些奇怪的化学品飞溅的情形。难以置信的是，韦伯斯特和杰克逊在庭审的休息期间被允许相互交谈，韦伯斯特责备杰克逊反对他。杰克逊立即提出再次做证——作为辩方的品德证人。

2　爱伦·坡（1809—1849），美国作家，以悬疑和惊悚小说知名。

乔治·帕克曼的遗体在哈佛大学约翰·怀特·韦伯斯特的实验室被发现（美国国家医学图书馆提供）

他们用木板把腿拖了上来。最令人毛骨悚然的是，一名警察开始搜查韦伯斯特的茶叶箱——他把自己心爱的矿物放在箱子里，这就是所有麻烦的根源。在接近底部的地方，警察摸到一个黏糊糊的东西，明显不是岩石。那是一副被掏空的胸腔，一条左大腿像人肉火鸡一样塞在里面。

公众瞠目结舌。发生在**哈佛大学**的谋杀案？正如一家报纸报道："在街道上，在市场里，在每个转弯处，人们用苍白又热切的眼神相互问候，并询问：'这是真的吗？'"诗人亨利·华兹华斯·朗费罗（Henry Wadsworth Longfellow）在哈佛大学教意大利语，并且把韦伯斯特视为朋友，他感到很沮丧。他感叹道："这一肮脏行为玷污了所有人。"

但是，如果说许多人已经准备好绞死韦伯斯特的话，那么看到证据的当地检察官只能艰难地咽一下口水。就像伯克与黑尔案，立案并不容易。确实有一具尸体，但它是无头尸体。这确实是帕克曼吗？毕竟，医学大楼里一直有尸体进进出出。即便它是帕克曼，也许有人在其他地方杀了他——或者在他自然死亡后找到他，然后把尸体卖给学校。警方也无法排除利特菲尔德的嫌疑。毕竟，发现尸体的是谁？所有人都记得，利特菲尔德愿意为了5美元就处理掉死去的母亲和胎儿。也许他已经预料到帕克曼的尸体会有赏金，或者他与一些盗尸者是同谋。不管怎么说，到处都有合理的怀疑。

鉴于这则丑闻的重磅程度，韦伯斯特在1850年3月的审判可能是当时美国历史上最大的庭审案件。市政府建造了坡道，引导民众进出法庭。11天内，有6万人挤进法庭，报纸上有类似于"推特"的实时报道。此案还暴露了大波士顿地区的阶级和种姓的断层。生活艰苦的波士顿人指责韦伯斯特是个精神病患者，并要求绞死他。傲慢的剑桥人讥讽利特菲尔德是个卑鄙的小偷，显然是在陷害他的老板。（外面的报纸也在站队。一家弗吉尼亚的报纸怒斥"那个令人厌恶的两足动物，埃弗莱姆·利特菲尔德"。）主审法官是赫尔曼·梅尔维尔（Herman Melville）的岳父，也是哈佛大学监事会成员。这通常会有利益冲突——除非被告和谋杀受害者都是哈佛校友。双方的主要律师以及25名证人也是如此。一半是审判，一半是校友聚会。

韦伯斯特的辩护很简单。**我是哈佛人，而利特菲尔德不是。所以在我们两个人中间，凶手肯定是他。**更重要的是，韦伯斯特的律师指出，州政府没有凶器，也不知道帕克曼是怎么死的。这就像一个线索游戏：在不同的时间里，检察官分别提出凶器是大锤、小刀和韦伯斯特的"手和脚"。尸体上没有明显伤口，也找不到凶器，陪审团真的能给一个人定罪吗？特别是在一栋充满尸体的大楼里？

不过，控方还是有很大的优势。尸体是在一所医学院被发现的，离世界上最重要的解剖学权威只有几步之遥。他们是解读人体的专家，虽然他们尊重韦伯斯特这个同事，但他厕所里的尸体讲述了一个糟糕的故事。

首先，解剖学家证实了尸体是帕克曼。其中几名解剖学家认识帕克曼多年，他们经验丰富的眼睛认出了在茶叶箱中发现的憔悴的梯形躯干。同样，帕克曼的牙医（另一名哈佛校友）也认出了炉子里烧焦的假牙，因为那是他制作的。更重要的是，牙医可以看出这些牙齿在人的头颅里被煮过。他指出，如果把假牙单独放在炉子里煮，假牙就会迅速升温，并像爆米花一样爆开。这些牙齿没有爆裂，意味着它们被湿润的东西挡住了热量，比如人的肉。这是法医牙科的一次高超展示。

至于杀死帕克曼的凶手，线索指向了韦伯斯特。证人指出，无论是谁分割了尸体，他在分离胸骨、肋骨和锁骨时都表现出了专业的手法。鉴于胸部的肌肉和肌腱很厚，很难在不弄断胸骨的情况下将其分离，只有对解剖尸体有经验的人才会知道该从哪里下手。韦伯斯特做过医生，符合这一描述；而利特菲尔德虽然从事尸体生意，但从未使用过手术刀。

尽管所有证据都对韦伯斯特不利——精确的切口，烧焦的牙齿，尸体位于他的厕所，但每个人都知道陪审团是支持剑桥的，所以他会被释放。审判在周六晚上8点前结束，陪审团3小时后带着判决书回来。梅尔维尔的岳父让法庭上的人安静下来，问他们对被告的看法。

在整个诉讼过程中，韦伯斯特一直保持冷漠，没有表现出任何情绪。但当"有罪"这个词响起的时候，一位证人说，他"像中了枪一样"，向后倒在椅子上。在他身后几码（1码 = 0.914 4米）远的地方，埃弗莱姆·利特菲尔德崩溃地哭了起来。

由于传播范围很广，韦伯斯特的审判极大地促进了美国法医科学的发展，就像150年后的O.J.辛普森（O.J. Simpson）审判[1]让普通人熟悉了DNA证据一样。同样重要的是，在经历了一个世纪的骚乱和盗墓之后，该庭审帮助恢复了解剖学的声誉。解剖学家不仅帮忙抓住了杀人犯，而且在谴责富裕教授和为贫穷看门人脱罪的同时，还颠覆了解剖学中通常的阶级联盟。事实上，一位观察者声称这次审判可能是美国历史上最公平的一次："从来没有哪个案例表现出更引人注目的平等和更恰如其分的正义，金钱、有影响力的朋友、能干的律师、祈祷、请愿、科学声望，（都）未能拯救他。"

哈佛大学韦伯斯特－帕克曼谋杀案的戏剧性重现

没错，韦伯斯特确实杀了帕克曼：在他被安排绞刑的前几天，他终于承认了这一点。韦伯斯特说，在他们最后那次酿成命案的会面中，帕克曼用一些卑鄙的字眼骂他，并威胁要让他被解雇——这是他走向破产的最后一步。一怒之下，韦伯斯特抓起附近的一根木头，砸向折磨他的人的太阳穴。（他之前是医生，显然知道该朝哪里下手。）帕克曼倒下了，惊慌失措的韦伯斯特肢解了尸体，并将其焚毁。

---

1 O.J.辛普森，美国橄榄球运动员。他在1995年因为两宗谋杀案而接受刑事审判，但由于证据存在漏洞而被判无罪。这场审判吸引了非常多的公众关注，因此被称作"世纪审判"。——译者

事实上，这份供词是他的最后恳求，希望得到宽恕。韦伯斯特告诉州长办公室，他犯的是过失杀人罪，而不是谋杀罪，应该被判处监禁而非死刑。州长不为所动，像之前的威廉·伯克一样，约翰·怀特·韦伯斯特在几天后因解剖谋杀罪（anatomy murder）而被绞死。[1]

尽管解剖学研究的历史很丑陋，但我们至少可以这么说：抛开偶尔发生的伯克-黑尔谋杀案不谈，那些尸体被洗劫、被解剖的人从来都感觉不到什么。这仍然是可耻的，但至少他们已经没有痛苦了。

不幸的是，情况并不总是这样。大多数医学研究是在活人身上进行的，我们将在下一章看到，即便19世纪的解剖学家也会对20世纪的一些野蛮实验感到不安。人类也不是唯一的受难者。医学研究经常把动物当作手段，而非目的，它们的痛苦和折磨被视为附带伤害，从而被忽略了。即使实验提供了有用的数据，这也是一个严重的道德难题。但在托马斯·爱迪生的案例中，这就陷入了真正的罪恶领域——他为了让商业对手失去信誉，用电折磨马和狗。

---

1 此案的恶名并没有随着韦伯斯特之死而结束。公众依旧对这桩丑闻饶有兴致，迫于无奈，哈佛最终把犯罪现场变成了旅游景点。利特菲尔德也成了当地的传奇人物，搜寻纪念品的人有时会扑向他，剪下他的几缕头发作为纪念品。

此案在人们的记忆中也持续了很长时间。马克·吐温（Mark Twain）在1861年访问亚速尔群岛，他很高兴见到了韦伯斯特的两个女儿——她们搬到这里无疑是为了摆脱父亲的阴影。查尔斯·狄更斯（Charles Dickens）在1869年访问美国，他在马萨诸塞州希望参观的就是帕克曼谋杀案的现场。这让当地人感到羞愧，他们向他保证，这座城市可以提供更多的东西。即使到20世纪初，剑桥大学一位名叫哈洛·沙普利（Harlow Shapley）的著名天文学家仍然可以用关于此案的笑话来博得大笑。他说令他吃惊的是，在哈佛漫长的历史中，只有一个哈佛教授谋杀了另一个教授。

第五章

虐待动物

电流之战

观众席上的人并不知道自己即将目睹什么，但狗的出现使他们立刻警惕起来。那是 1888 年 7 月，在纽约的哥伦比亚学院[1]，电气工程师哈罗德·布朗（Harold Brown）把一只 76 磅重的纽芬兰混种犬拖上舞台，强迫它进入被铁丝网围起来的木笼。布朗感受到了观众的不安，他向观众保证，这只狗是"危险的恶犬，已经咬了两个人"。在场的一位记者却认为它看起来很温顺——无疑是吓坏了。

狗蜷缩了起来，这时布朗宣读了一篇论文，主题是交流电（AC）相对于直流电（DC）的优势，重点是交流电如何更致命。读完后，他开始做在场所有人都担心的事情，在狗的右前肢和左后肢缠上湿棉花，然后用裸铜线绑住棉花。铜线连接着一台发电机。一切准备就绪后，布朗打开了开关。

300 伏的直流电涌入狗体内。它突然摆出僵硬的姿势，而且一动不动，直到布朗切断电流。接着，布朗用更高的电压重复了这一场景，400 伏、500 伏、700 伏、1 000 伏。每次脉冲后，狗都会嚎叫和颤抖，有一次还狠狠地撞向笼子，它的脑袋撞破了铁丝网。"观众离开了房间，无法忍受这令人反感的展示。"记者写道。这只狗的"生命力已经大不如前，观众不知道它是死是活"。

这时，一位观众站起来，要求布朗结束这只动物的痛苦。布朗狡猾地回答，这只狗"试试交流电的话，就不会那么痛苦"。布朗把直流发电机换成了交流发电机，并用 330 多伏的电压进行电击。另一位记者写道，这时狗"发出一连串可怜的呻吟，多次

1　现在的哥伦比亚大学，在 1896 年之前是哥伦比亚学院。——译者

抽搐，然后死了"。

一位目击者说，比起这次演示，斗牛的残酷程度如同宠物动物园一般。与此同时，布朗也很高兴。他觉得他已经证明了自己的主要观点：相比于直流电，交流电的致死电压更低。他知道他的赞助人也会很高兴，这个人赞助了对纽芬兰混种犬和其他一些动物的折磨——托马斯·爱迪生，美国的圣人。

我们都知道，托马斯·阿尔瓦·爱迪生只接受了不到3个月的正规学校教育，但他凭借勇气和天才，帮助发明（或至少改进）了几十种创新技术——证券报价机、投票记录器、电影摄像机、火灾报警器等。他发明的录音机器留声机在19世纪令人们感到震

托马斯·爱迪生和他早期版本的留声机。这是一项杰出的发明，但没有为他挣到多少钱（法国国家图书馆提供）

撼，许多人坚持认为这是魔术。虽然爱迪生没有发明电灯泡，但他和他的技术团队确实把昏暗、脆弱、昂贵的火灾隐患变成了廉价、可靠、能照亮世界的设备。爱迪生绝对配得上美国民间英雄的称号。

话虽如此，爱迪生有时却是个真正的浑蛋。他和他的助手都投入了繁重的工作，经常忙到半夜，睡在实验室的小房间里。但爱迪生一人独占了"他的"发明的荣耀。他也是个背信弃义的商人。19世纪70年代，爱迪生曾接受一家电报公司的5 000美元（相当于今天的11万美元），为他们开发一些新的电气设备。爱迪生完成了这项工作，然后以30 000美元的价格将专利卖给了他们的竞争对手。即使在电灯泡上，爱迪生也多次撒谎，公开宣布他已经完善了电灯泡，这既是为了刺激对其公司的投资，也是为了破坏天然气公司的股价。许多人同意一位高管的观点，他讥讽爱迪生"良心本该存在的地方是一片空白"。

虽然爱迪生冷酷而聪慧，但他的发明有个重大缺陷：赚不到钱。即便是留声机，虽然很奇妙，但大多被用作玩具，因为当时还没有录音音乐的市场。没有稳定的收入，爱迪生就无法供养他真正的激情，即他的研究实验室。此外，爱迪生认为，作为天才，他需要以某种方式改变世界，而零散的小玩意儿并不能实现这一点。

最后，19世纪80年代，爱迪生想出了他的"撒手锏"：为城市铺设电力系统。即使在那个时候，大多数大城市的街道上悬挂的也是猫窝般的电线，居民就在下面行走。这些主要是电报和电弧照明的电线，专门用于一个目的，并且仅限于某些企业。爱迪生建议将电线铺进每家企业，甚至人们家里。更重要的是，爱迪生的电线不会局限于一种用途，而是为所有东西供电——电动机、织布机、电灯泡，任何东西。由于爱迪生拥有从发电机到输电线路再到消费设备的每个环节的专利，为城市布线的所有利润最终都会落入他的口袋。他也像同时代的少数人一样，知道电力将多么具有革命性，他想成为为美国供电的人。他计划从曼哈顿开始，完善技术，然后扩展到全国其他地区。

只有一个问题：他的专利依赖于直流电。直流电就像一条河，电子只朝一个方向流动。相反，交流电就像快速的潮汐：电子先朝一个方向流动，然后朝另一个方向流动，每秒交替数十次。直流电和交流电都能提供有用的电力。出于种种原因，直流电一直在消费品中占主导地位：汽车、电话、电视、电器、电脑——内部使用的都是直流电。但爱迪生的计划涉及**传输**电流——通过电线将其从发电厂传输到家庭和工厂。19世纪80年代，当谈到传输电流时，交流电和直流电都有各自明显的优缺点。

直流电的优点是，像电动机这样的消费品内部就是靠直流电供电的。如果电源是直流电，就不需要在插电前从交流电转换为直流电，从而避免混乱和低效。直流电的缺点是巨大的前期成本，鉴于当时传输直流电的局限性，爱迪生需要每隔几个街区就建一座发电厂，而且是一英里接一英里地建。此外，爱迪生必须用铜线将发电厂与人们的房子连接起来，而铜是一种昂贵的金属。爱迪生还坚持让他的公司把电线埋在地下，这使工作更加艰难。出于种种原因，他不喜欢看到电线被架在空中——太难看，太危险，太容易断裂。他的公司开始拆毁鹅卵石街道，将电线铺设在街道下面。值得称道的是，爱迪生经常和他的工作人员一起下到壕沟里，把石头翻起来，弄得满身泥土。然而，这项工作成本很高，而且工作人员只能在夜间工作，以免影响交通。

相比之下，交流电不需要那么多前期投资。想要知道为什么，你可以把电线传输电力的过程想象成管道传输水的过程。较粗的管道可以承载较高的水流量，但制造成本较高。如果你需要每天输送一定量的水，而且必须使用细管，那么最好的选择是提高水压。换句话说，高压可以弥补细管道的缺陷。

电也有类似的情况。粗铜线可以输送更多电力，但更加昂贵。为了解决这个问题，必须增加电线中的"压力"——科学家称之为电压。（爱迪生时代的许多人实际上用的是"电压力"一词。）关键在于，传输交流电的时候，只需要提高微不足道的电压。因此，即使电线很细，用的铜很少，也可以通过交流线路传送大量的电力。直流电则不一样。当时，很难增加直流电的电压力，从而提高电压。

总之一句话，直流电系统需要又粗又贵的铜线，交流电系统则不需要。因此，交流电系统有更强的电压力，不需要每隔几个街区就建一座发电厂，一座发电厂可以为整个城市服务。所有这些因素使爱迪生用直流电为城市布线的计划处于很不利的位置。

不过，当时的交流电确实有一个明显的缺点——设备差。不同于直流电，没有爱迪生那样的天才投入时间制造优良可靠的交流电电动机、发电机和传动齿轮。因此，爱迪生相信，他卓越的机械才能——加上他的显赫声望——能够克服建造和铜线的高成本，使他在市场上获得决定性优势。如果没有那个名叫尼古拉·特斯拉（Nikola Tesla）的年轻塞尔维亚移民，最终的结果可能就是这样。

如果你喜欢科学家的古怪，那么没有人能打败特斯拉。他声称自己有时能与火星人对话，吃饭时还会强迫性地计算放在他面前的碗或杯子的容积。他曾经说过："我不会碰别人的头发，除非是被左轮手枪指着。"他看到桃子或珍珠就会感觉不舒服，没有人知道原因。但历史上很少有人能在纯粹的智力方面与特斯拉相提并论。很多时候，他甚至不需要测试自己的发明——它们在他的脑海中已经完全成形，齿轮已经在轰隆作响。有一次，他和一个朋友在城市公园散步，朋友看到特斯拉在半路上僵住了。然

电学奇才、爱迪生的竞争对手尼古拉·特斯拉［拿破仑·沙乐尼（Napoleon Sarony）拍摄］

后他的脸又松弛下来，这位朋友甚至以为特斯拉突然癫痫发作。实际上，一种新型的电动机突然出现在他脑海中，非常完整和清晰。特斯拉一清醒过来，就马上用一根棍子在泥土中勾勒出这个想法，为它的优雅感到高兴。这时，实际制造机器对他来说是多余的。特斯拉知道它会成功，而且的确如此。

在欧洲学习电气工程之后，1884年，28岁的特斯拉前往美国。他带着4美分、一本诗集和一封给爱迪生的推荐信。（信中说："我认识两个伟大的人，一个是您，另一个是这个年轻人。"）37岁的爱迪生被打动了，聘请特斯拉为工程师，但两个人立即发生了冲突。这种紧张关系有些是源自科学上的不同立场。爱迪生偏爱直流电，而特斯拉认为未来属于交流电。此外，特斯拉是精英主义者，他蔑视爱迪生最大的天赋——对努力工作的偏好。为了找到更好的灯丝，爱迪生和他的助手辛苦地尝试了数千种不同的材料，包括马鬃、软木、草、玉米丝、肉桂皮、红萝卜、生姜、蜘蛛丝和通心粉。特斯拉不喜欢这种散漫的方法。他曾抱怨说："如果爱迪生要在干草堆里找一根针，他会立即以蜜蜂的勤奋检查一根又一根稻草，直到找到他想要的东西……我对这种行为感到遗憾，因为我知道，只要稍加推理和计算，就可以节省90%的劳动。"为什么其他人不能像他一样产生绝妙的新想法呢？

但真正激化矛盾的是他们性格上的摩擦。特斯拉有神经质般的洁癖，穿着优雅的西装。而爱迪生邋遢而粗鲁，衬衫上有污渍，指甲也很脏，让特斯拉感到厌恶。（一位记者曾说，爱迪生"看起来就像一个忙着装好一份西梅干的乡村商店老板"。）我们很难想象特斯拉曾经笑过，而爱迪生喜欢愚蠢的恶作剧。爱迪生最喜欢的恶作剧是把电池连接到金属水槽上，然后转动曲柄，使其产生大量的电。当一些人受骗碰到水槽并痛苦地后退时，他就会开心地大笑起来。

事实上，这种恶作剧的癖好最终破坏了他与特斯拉的关系。1885年春天，爱迪生在重新设计一些直流发电机时一筹莫展。它们效率低下，容易发生故障，但爱迪生找不到解决问题的方法。爱迪生告诉特斯拉，如果他能解决这些问题，就给他5万美元——相当于今天的150万美元。特斯拉拼命工作，极大地提高了发电机的性能。但当他去领奖金时，爱迪生笑弯了腰。他说："特斯拉，你不懂我们美国人的幽默感。"爱迪生随后声称——也许是假的——他一直是在开玩笑，并不打算支付如此荒谬的金额。特斯拉怒不可遏，当场辞职。为了生存，他被迫挖了一段时间的沟渠，但他拒绝为一个骗子工作。

然而，辞职最终使特斯拉受益。他很快就在匹兹堡找到了企业家乔治·威斯汀豪斯（George Westinghouse），后者正在大力投资交流电技术。雇用特斯拉这样的无名小卒是一场赌博，但在接下来的几年里，此举得到了丰厚的回报。特斯拉最终为西屋公司（Westinghouse company）赢得了40项关于交流电设备的专利，解决了困扰该技术的许多问题。的确，就像爱迪生和电灯泡一样，特斯拉并不是独自完成这一切的。其他人发明了关键的设备，而特斯拉非常势利地不屑于实际实施自己的想法，把它们留给自己的下级。但是，在特斯拉的天赋和西屋公司的商业智慧结合之下，交流电突然显得势如破竹。

商品市场上的一个小插曲很快使交流电有了更多的机会。1887年，一些贪婪的法国投机者垄断了铜的全球供应，使其价格上升至每磅20美分（相当于今天的3美元），比以前高出1倍。这并没有对威斯汀豪斯造成多少伤害，因为他的公司仍然可以使用细电线，只需要提高电压。与此同时，爱迪生却面临灭顶之灾。因为他的直流电系统不能轻易提高电压，他需要用粗电线来供电，而铜价的突然上涨威胁着他的整个愿景。

对爱迪生来说更糟糕的是威斯汀豪斯的咄咄逼人。1886年11月，威斯汀豪斯在布法罗开设了他的第一家交流电厂。不到一年后，又有68家电厂开业或在建。事实证明，在当时绝大多数美国人居住的小镇和城郊，交流电非常受欢迎。这些地方人口密度低，每隔几个街区建一座发电厂是毫无意义的，而实际上，西屋公司的方案总体上要便宜得多。

很快，爱迪生就面临败局。绝望中，他使出了最后一招。如果不能在品质上击败交流电，那就在公关上击败它。他宣布交流电是公共威胁，并利用建立在自己名声之上的舆论高地，在人们心中诋毁它。简言之，他要宣战——历史学家称之为"电流之战"。

对爱迪生而言，这场战争并不完全是为了钱。是的，他想为自己心爱的实验室提供资金，但他也是为了"电气奇才"的声誉，一想到会在这个领域被击败，他就感到愤怒，他的科学自尊受到了威胁。爱迪生也梦想着通过电力革新美国，但前提是美国要遵循他的方法。事实上，他在几年前就解散了公司的董事会，因为他们质疑了他的看法，关于美国电力企业应该是什么样子。他用自己的亲信取代他们，而这种趋同思维会产生道德盲点——或者更糟。总之，爱迪生发现自己处在赢家通吃的竞争中，失败者不仅会银行账户受损，而且会自我意识受损。这种危险是个人的。心理学家已经指出，在这种情况下，人们都愿意践踏道德规范，并使出下流手段。当他开始在公众面前抹黑交流电时，周围没有人制止他。

关于交流电的危险，爱迪生的说法确实有一定的事实依据。毫无疑问，高电压下的直流电是致命的：毕竟，闪电是直流电。但交流电的推拉、往返，对身体组织的损害更大。对于给定的电压，交流电更有可能致命（通常是通过损害心脏或烧毁神经）。再加上交流电以更高的电压传输，看起来确实很可怕。

至少不知情的人会这样认为。虽然交流电在电线内以高电压**传输**，但是电压在人们的房子里会"降"到更安全的水平。然而，在妖魔化交流电的过程中，爱迪生总是忽略了这个不方便提及的事实。他声称的其他事情都是彻头彻尾的谎言。他在报纸上说，在用交流电布线的房子里，任何金属物体都可能杀死居民——门把手、栏杆、灯具。因此，住在交流电房子里的人突然开始害怕按响蜂鸣器或使用房屋钥匙。另一个谎言是关于埋电线的。爱迪生的工作人员把输电线路埋在鹅卵石街道下面，而威斯汀豪斯的工作人员把电线挂在头顶，它们可能断裂并电击人们。但爱迪生宣称，即便西屋公司也埋电线，交流电仍然会"从沙井中钻出来"，像下水道怪物一样攻击人。爱迪生说，交流电没有安全可言。

公平地说，19世纪末的美国资本主义相当混乱，爱迪生所声称的观点，无论多么虚假，如果只到这个程度，也许都是可以原谅的。但爱迪生很快就意识到，单单诬蔑是不够的。他需要向人们展示交流电的危险，让他们感到害怕。简而言之，在一个狗咬狗的世界里，他认为胜出的最好办法就是杀死一些真正的狗。

用电杀死动物的先河并不是爱迪生开的。这一殊荣属于另一个人，他参与了一场关于死刑未来的战役。

19世纪80年代，纽约州正在寻找一种更人道的处决罪犯的方法。绞刑作为标准方法会引起太多不好的联想——不仅让人想到南方的私刑，也让人想到欧洲公开处决的狂欢：醉酒的狂欢者围在一起盯着受害者，解剖学家随后为尸体争吵。刽子手经常失手，他们给犯人的绳索太短，使犯人在呜咽的痛苦中摇摆；或者绳索太长，使犯人在下沉和折断脖子的过程中脑袋被斩断。更不必说犯人经常呕吐，弄脏自己，这都不健康。

1886年，纽约任命了一个三人委员会来设计更好的方法。首先，三个人翻阅了历史资料，挑选出40种可能的死刑方法，包括钉死在十字架上、暴露在毒蛇面前、在油中煮沸、"铁处女"、抛射、炮决，以及夹笞刑。这些方法都很残忍，最后，支持的声音集中在两种很现代的方法上：注射死刑和电刑，这两种方法似乎都能温和地杀死人。例如，1881年8月，一个名叫莱缪尔·史密斯（Lemuel Smith）的人和他的朋友一起闯入布法罗的一家发电厂，碰到了一些接地不良的设备，这让他们产生了愉快的刺痛感。当天晚上，他们喝得酩酊大醉，史密斯偷偷溜回电厂继续玩耍，不小心触电身亡。尸检显示没有什么内部损伤。根据这起事故和类似的事故，医生得出结论，电可以立即杀死人，而且没有痛苦。

尽管如此，两名委员会成员还是支持注射死刑。这时，第三名成员，支持电刑的布法罗牙医阿尔弗雷德·索思威克（Alfred Southwick）决定自己动手。布法罗当时开始为每只被送到收容所的流浪狗支付25美分。当地的顽童充分利用了这一点，收容所的笼子很快就塞满了杂种狗——多到连服务员都照顾不了。索思威克插手进来，提出帮他们宰杀。他建了一个木头笼子，笼子底下的锌板与电线相连。然后在箱子里装了1英寸深的水，把一只小猎犬放在里面。狗戴着金属口套，口套也连接着电源线。当一切准备就绪时，索思威克拉下操作杆，合上电路。小猎犬倒在地上死了。进一步的试验又送走了27只狗，没有一只狗发出叫声或反抗，也没有一只表现出痛苦的迹象。

这些试验使索思威克相信，电刑是最完美的死刑方式。为了支持自己的观点，他在1887年11月给世界上最著名的电气工程师写了封信，他希望托马斯·爱迪生能够支持这种快速、简便的处决方法。

爱迪生回绝了他。他告诉索思威克，死刑是野蛮的，出于人道主义的考虑，他反对死刑。（爱迪生曾说过，"每个人的灵魂都有美好的可能性，我不赞同任何破坏最后有用机会的惩罚方法"。）简言之，他绝不会支持索思威克的想法。

无论多么失望，索思威克还是在12月给爱迪生回了信。他认为，自古以来各国都在处决罪犯。鉴于这一现实，难道不应该努力将痛苦降到最低，以便找到更人道的处决方式？

毫无疑问，索思威克期待着另一场辩论。但爱迪生的回答让他感到惊讶。索思威克不知道，这次通信发生在西屋公司大规模扩建交流电厂的时候。当时，直流电技术命悬一线，爱迪生的天赋正在遭受重创。虽然爱迪生的回信并没有提到这些事情，但从这些事情来看，他的回复是可疑的。他写道，如果可以，他肯定会废除死刑。但在那一天到来之前，各国应努力采用"目前最人道的方法"，而电刑符合这一要求。他还热心地补充说，虽然有几种不同的发电机可以杀人，但"其中最有效的是所谓的'交流电'机器，主要由乔治·威斯汀豪斯先生在本国制造"。

激动之余，索思威克将爱迪生的信交给了那些倾向于注射吗啡的委员会成员。这改变了他们的想法。如果托马斯·爱迪生都支持电刑，那还有什么好说的呢。1888年6月初，他们公开建议在纽约州实施电刑。

尽管爱迪生给出了并不隐晦的暗示，但委员会并没有具体说明是使用直流电还是交流电来执行死刑，而是把这个选择留给了未来。然而第二天，爱迪生的支持者在报纸上发表了一封煽动性的信，目的是影响他们的决定。他谴责交流电是一种"可恶的"技术，并补充说，悬在纽约街头之上的交流电线"就像在火药厂燃烧蜡烛一样危险"。

乔治·威斯汀豪斯看到了这封信，感觉很麻烦，他在几天后给爱迪生写信，提出了一个和平建议，"我相信有些人一直在有计划地尝试很多恶作剧"，他认为这些恶作剧加剧了他们之间的冲突。让我们搁置争端吧。他还给出了一个提议，几年前，在爱迪生把他视为威胁之前，威斯汀豪斯参观过爱迪生在新泽西州门洛帕克的实验室。威斯汀豪斯希望投桃报李，提议让爱迪生参观他在匹兹堡的总部，以建立"和谐的关系"。

爱迪生拒绝了这个提议。他说自己太忙了，没有时间旅行。

不过，值得注意的是，爱迪生确实抽出时间策划另一个针对威斯汀豪斯的计划。报纸上的信在工程师中间激起了关于交流电和直流电优劣的争端，一位记者在6月中旬打电话给爱迪生征求意见。爱迪生邀请他到自己的实验室看一场演示。记者来到这里，发现一只脖子上挂着绳子的狗。它站在一块锡板上，锡板与发电机相连。附近的一个水盘也连接在发电机上。爱迪生解释说，当狗俯下身子喝水时，它就会连接电路并杀死自己。

但这只狗不肯合作。它似乎感到有什么不对劲，所以不会自己喝水。当爱迪生的助手用绳子把它的头往下拉时，狗咬断绳子逃跑了。助手把绳子和狗都放回原处，继续角力。在最后一次的用力拉扯中，狗滑倒了。它的爪子踩在水盘里，1 500伏的电流穿过心脏和大脑。一声大叫之后，它就死了。记者印象深刻，写了一篇报道。报道中，他忠实地指出了爱迪生的主要观点——他们使用的是交流电。

情况很快就变得更糟了。最初发表在报纸上的信件，其作者是一个名叫哈罗德·布朗的电气工程师，他或多或少崇拜爱迪生。但他的抨击遭到了一些工程师的质疑，他们认为他没有证据支持交流电危险的说法。因此，尽管从未见过爱迪生，布朗还是写信给这个"门洛帕克的奇才"，询问他是否可以使用那里的实验室，通过电击更多的狗来获得更多证据。

布朗没有想到，爱迪生竟然同意了。事实上，爱迪生经常会很慷慨地向陌生人开放他的实验室。而这一次，爱迪生甚至把他的顶级助手借给布朗。不同寻常的是爱迪生为这项工作设定的条件。通常，爱迪生鼓励同事间的合作以及思想上的公开交流——这是科学的理想。但爱迪生让布朗对这些实验保持沉默。他还限制布朗在夜间工作，以防人们听到嚎叫声。

和在布法罗一样，有人在爱迪生的实验室附近贴出告示，为每只流浪狗提供25美分报酬，当地的流氓们再次出现。布朗计划系统性地电死这些杂种狗，但实际上，这项工作是杂乱无章的。这些狗的体形有很大的差别——赛特犬、梗类犬、圣伯纳德犬、斗牛犬，他用直流电和交流电先后电击它们，电压从300伏到

1 400伏不等。但结果都一样——不间断的痛苦。他指出，这些狗在痛苦中跳跃、叫喊和呜咽，那些没有被电击击晕的狗"拼命逃跑"。有一只狗的眼睛开始出血。

一个月后，布朗觉得有足够的信心安排前文提到的演示，在哥伦比亚折磨一只纽芬兰混种犬。报纸的报道义愤填膺，任何正常人都会羞愧得无地自容。布朗却在几天后又进行了一次演示，用交流电杀死了另外三只狗，并允许医生在事后解剖它们。总而言之，他向爱迪生的助手报告，这些实验是关于交流电危害的"精彩展览"。

其他人却不同意。他们认为，布朗不仅残忍，而且并没有证明什么。在先前用直流电电击狗的过程中，布朗已经伤害和削弱了它们，所以无法确定每种电流对它们的死有多大影响。此外，狗是小型动物，如果人类被交流电击中，不能保证他们会有同样的反应。

为了回应这些批评，1888年12月，布朗在爱迪生的实验室做了另一次演示。这一次他电击的是大型动物，而且只用了交流电。他从一头124磅的小牛开始，在它的两眼之间安装了一个电极，770伏的电压击垮了它。第二只145磅重的小牛在750伏的电压下被击垮。然后，为了打消所有疑虑，布朗和爱迪生的助手给一匹15美元买来的1 200磅重的马连上电线，将电极连接在两只不同的蹄子上，这样电流就会通过它的心脏。爱迪生曾向记者承诺，交流电可以在万分之一秒内杀死牲畜。但实际上，这匹马在600伏的电压下存活了5秒，然后又在同样的电压下存活了15秒，最后，在700伏的电压下，一个25秒的脉冲处决了它。爱迪生花了5美元把尸体运走了。

通过这些实验，布朗实现了他的主要目标：让人们害怕交流电。然而，爱迪生的团队意识到，折磨狗和马并不能让他们获得

描绘了用电处决马的"实验"。注意背景中的狗屋，那里有更多动物受害者

公众的喜爱。在私人笔记中，爱迪生的首席电工对这些动物所遭受的折磨感到痛心。然而，在之后出版的一本杂志上，他坚持认为它们的死亡是"瞬间的、无痛的"。

并非所有人都相信这种宣传。一位批评家认为布朗是个"冷血的科学谋杀推广者"。爱迪生也受到了批判：威斯汀豪斯或多或少地公开指责他雇用布朗做肮脏的工作。可笑的是，爱迪生否认了这一点，声称布朗完全是独立工作，尽管爱迪生曾借给他实验室、设备和助手。

为了回应对他的指控，布朗选择挑战威斯汀豪斯的男子气概，并在报纸上刊登广告，提议进行一场决斗——电力决斗。布朗说，如果威斯汀豪斯如此确信交流电是安全的，那双方就把自己都接到发电机上，布朗用直流电，威斯汀豪斯用交流电。他们会从100伏的电压开始电击，以50伏的额度递增，直到有人哭着喊

"叔叔"，或者死掉。一位历史学家指出："令很多人感到遗憾的是，这场决斗从未发生过。"

为了破坏交流电的声誉，爱迪生的团队总共杀死了44只狗、6头小牛和2匹马。爱迪生甚至去找马戏团的大象[1]，计划落空时，他很挫败。但这些死亡没有起到任何作用——威斯汀豪斯继续在市场上压制着爱迪生。到1888年年底，爱迪生的公司生产和销售了每年足以为44 000个电灯泡供电的设备，而西屋公司仅在1888年10月就售出了能为48 000个电灯泡供电的设备。

爱迪生还剩一个希望。为了挽救直流电，他需要把交流电和死亡之间的联系说得非常鲜明，以至于没人能否认。他必须用真正的人类来佐证。

1889年3月29日早晨，纽约州布法罗，一个名叫威廉·凯姆勒（William Kemmler）的嗜酒成性的水果商用斧头的钝端打死了他的妻子蒂莉（Tillie）。他声称，她一直在与另一个男人调情，所以她罪有应得。擦掉手上的血迹后，28岁的凯姆勒沿着街道漫步到一家酒吧，喝了一杯醒神酒。警察在这里逮捕了他。甚至凯姆勒的律师也称他为"怪物"，而凯姆勒倾向于同意这一点。他说："我已经准备好接受绞绳了。"他不知道纽约州已经取缔了绞刑，而他现在被安排为历史上第一个死在电椅上的人。

电椅设在雪城附近的奥本州立监狱。那里的官员被爱迪生的名字吸引了，他们请爱迪生的马屁精哈罗德·布朗帮助制造电椅，

---

1 大象被处决的情况非常普遍。作为野生动物，大象不喜欢被关在动物园的小笼子里，或者被迫在马戏团表演杂技。部分驯兽师也有些不必要的残忍：一次，喝醉的驯兽师给大象喂了一根点燃的香烟。不出所料，受虐待的大象有时会发怒并杀死人，这时它们就会被处决。一位学者找到了36个独立的厚皮类动物死刑案例。其中包括大象"托普西"（Topsy），它在1903年被电刑处死。由于爱迪生想亲手杀死一头大象，而且他确实通过电击杀死了许多其他动物，因此可以理解的是，今天许多人认为爱迪生亲自参与了托普西之死。事实并非如此——电流之战在1903年之前就已经结束了。但爱迪生的电影公司确实录下了处决过程，留下了一些残忍的画面。

而布朗自然建议他们使用威斯汀豪斯的发电机。威斯汀豪斯拒绝向监狱出售发电机，所以布朗付钱给第三方找到了一些二手发电机，并刮掉了序列号，这样就没有人可以追踪它们了。爱迪生的手下随后在媒体上大肆宣扬电椅选择了西屋公司的设备。[后来，从布朗的办公桌上偷来的一沓信件提供了有力的旁证，证明爱迪生曾付给布朗5 000美元（相当于今天的15万美元）来制造这把椅子。至于这些信件是如何从布朗的办公桌上被偷的，没有人知道。但一些历史学家认为，威斯汀豪斯——和爱迪生一样卑鄙——安排了这次入室盗窃。]

为了反击，威斯汀豪斯贿赂了纽约立法机构的成员，要求废除死刑。这一策略失败后，他向法院提起诉讼。鉴于布朗对狗和马的折磨，人们严重质疑电椅是一种残忍和不寻常的惩罚。事实上，当凯姆勒的高级律师伯克·科克兰（Bourke Cockran）被问到为什么要接下这个案子时，他解释说，他的妻子听说了这些可怜的狗，无法忍受有人对他们家的小狗做这种事情。实际上，威斯汀豪斯暗中付给科克兰10万美元（相当于今天的300万美元），否则，凯姆勒绝不可能请得起他。但科克兰确实提出了对电刑的合理担忧。

不过，科克兰的反对根本没有机会。在关于这个残酷而不寻常的问题的听证会上，州政府的律师传唤了他们能想到的最聪明和最体面的证人托马斯·爱迪生，来帮助解决这个问题。尽管爱迪生爽快地承认自己对解剖学或生理学一无所知，但他发誓，只要使用交流电，凯姆勒就会立即无痛地死在椅子上。私下里，他和布朗甚至称交流电为"刽子手的电流"。

[这并不是爱迪生团队为了攻击他的对手而歪曲英语的唯一尝试。"电击"（electrocute）这个词当时还没有流行起来，所以期刊和报纸向读者征集建议，关于如何称呼由电导致的死亡。公众

纷纷响应，提出了electricize，voltacuss，blitzentod，electrostrike和electrothanasia等词汇。爱迪生的律师的建议更为尖锐——凯姆勒将被"西屋"（westinghoused）致死。]

因为爱迪生，凯姆勒在禁止使用电椅的诉讼中败诉。两天后，即1889年10月11日，全世界都提前看到了他将面临的情况。当天中午刚过，一名电气修理工被曼哈顿市中心一条街道上蜘蛛网般的电线缠住，不小心碰到了一根带电的电线。他很可能几秒钟内就死了，但由于他被困在电线中，电流持续流过他的身体。就像《圣经》中的某个恶魔一样，蓝色火焰从他嘴里喷出，火花从他鞋里迸发。数以千计的人聚集在下面目不转睛地看着，发出尖叫声，尽管死者偶尔还会喷出鲜血。但这一事件显然没有动摇任何人的信念，即凯姆勒的死亡不会是残酷的。毕竟托马斯·爱迪生曾经承诺过。

臭名昭著的第一把电椅，位于纽约奥本州立监狱（美国国会图书馆提供）

1890年8月6日黎明过后，凯姆勒终于被安排接受死刑。他进入行刑室的时候异常安静，并且温和地对围观的目击者和记者说了几句话。他最近为他的大日子剃了头，但狱警毁掉了他的发型，把他头顶剃光，并在头骨上安装了一个电极。他们还割开了他的衬衫，在他的脊柱上安装了另一个电极。凯姆勒随后坐了下来。（除了显而易见的情况外，据说这把椅子很舒适。）其中一名狱警开始摸索压在他手臂上的皮带，这时凯姆勒咕哝了一声："别激动，乔。我希望你能干好这件事。"最后一步，监狱长给他戴上了皮面具。然后，监狱长敲了敲附近的一扇门，这个信号是让隔壁房间的电工按下开关。

当电流啮咬他的时候，凯姆勒猛地站了起来，他的嘴角弯曲成一个嘲讽的微笑，他一根手指上的指甲深深挖进了自己的手掌，他开始流血。17秒后，一切都结束了。电工切断了电流，凯姆勒像之前的许多狗一样萎靡。旁边的医生用手指按住他的脸，指出斑驳的、红白相间的压印。他们说这是死亡的标志，确定无误。目击者中有阿尔弗雷德·索思威克，布法罗的牙医，曾在收容所处决过狗。"这是十多年来工作和研究的结晶，"他宣布，"我们今天生活在一个更文明的社会。"

唯一的问题是，凯姆勒并没有死。他的手掌仍在流血，其中一名目击者注意到，血液有节奏地喷出——心跳的迹象。"天哪，他还活着！"有人喊道。就在这时，凯姆勒像一头受伤的母猪一样呻吟着、抽搐着，从面具里吐出紫色泡沫。

房间里一片混乱。"打开电流！"有人喊道。不幸的是，没有人考虑到需要第二个脉冲。电工们花了几分钟才重新启动发电机。在此期间，凯姆勒继续呻吟和颤抖。

终于，电流再次接通了。在一片混乱中，没有人记得第二次脉冲持续了多长时间，估计从60秒到4.5分钟不等。这足以杀死凯勒姆，[1]甚至能杀死很多次。房间里弥漫着头发烧焦和皮肤烧焦的气味。一个目击者呕吐了，另一个晕倒了，还有一个哭了。

在验尸过程中，凯姆勒的尸体非常僵硬，以至于一直在解剖台上保持坐姿。医生发现，电极已经烧穿了他的后背，进入他的脊柱，他的大部分脑已经被炭化成黑色的余烬。然而，医生必须等3个小时才能宣布凯姆勒死亡。当时法律对死亡的定义是身体不再自己产生热量。凯姆勒的身体由于被"西屋"而变得非常热，直到上午才冷却下来。

作为入场条件的一部分，现场的报纸记者承诺，除了最基本的事实，不会透露任何关于死亡的信息。但让这些都见鬼去吧——这是今年最热门的事件，头条新闻已经沸腾。索思威克赌气地声称一切进展顺利。他说，死亡非常温和，"房间里应该有一群女士"。其他目击者则更加诚实。一个人说："直到我死去的那天，我都会记得那个被捆绑的身影，听到那些声音。"威斯汀豪斯没有目睹死亡，但恰当地总结了这件事："他们本可以用斧头做得更好。"

托马斯·爱迪生承认有漏洞需要修复，但他预言下一次处决"将立即完成，而且不会出现今天奥本监狱的场景"。他不是残忍的人，也不喜欢凯姆勒的痛苦。但在战争中，一切都很合理。此外，对于像交流电这样危险的技术，你还能指望什么呢？

可能有人很想为爱迪生和布朗的行为开脱，理由是他们处在一个不同的时代，一个根本不善待动物的时代。但是，当时许多人确实在抗议残酷的科学研究，而且早在爱迪生时代以前就已经这样做了。

---

1 历史学家指出，凯姆勒可能因为在死亡面前过于冷静和镇定而受了更多苦。如果他像现场的警卫和目击者一样惊慌失措，他皮肤上的汗水可能会更有效地将电流导入他的身体，并帮助他立即死亡。

伏尔泰（Voltaire）非常鄙视"把狗钉在桌子上活活解剖的······野蛮人"。塞缪尔·约翰逊（Samuel Johnson）同意伏尔泰的观点，并补充说："他肯定是以牺牲自己的人性为代价来学习这些珍贵的知识的。"解剖学家约翰·亨特经常成为这种攻击的目标，因为他经常在尖叫的狗和猪身上练习新的外科技术。他还做过一些事情，比如向怀孕的狗的静脉注射醋，看它是否会流产。（的确会。）一些昆虫学家甚至抗议把活的昆虫钉在大头针上，因为它们会痛苦地蠕动，有时会持续几天。这些抗议也不是孤立的声音。强大的赫斯特报业强烈地谴责虐待动物的"活体解剖学家"。后来为爱迪生辩护的人，无法辩称他是因为无知。

自爱迪生时代以来，条件明显有所改善，但涉及动物的实验至今仍有争议，甚至在一些科学家中也是如此。这在一定程度上是因为死亡的动物太多。医学研究在20世纪下半叶呈爆炸式增长，到2000年，仅美国科学家每年就要用掉5亿只小鼠、大鼠和鸟，此外还有狗、猫和猴子。规模十分惊人。

显而易见的反驳是，动物研究通过开发药物等治疗手段拯救了人类的生命。这当然是事实，但也有一些注意事项。无论动物研究在过去多么有用，如今它往往达不到预期。一项对26种已知人类致癌物的调查发现，只有不到一半的致癌物也会作用在啮齿动物身上，就预测价值而言，还不如抛硬币。新药的情况甚至更糟。2007年，美国卫生与公众服务部部长——并非模糊的消息来源——承认："十分之九的实验性药物在临床研究中失败，因为无法根据实验室和动物研究，准确地预测它们在人体中的表现。"事实上，这种失败非常普遍，几乎算是老生常谈。我们已经无数次听说，神奇的疗法奇迹般地治愈了小鼠的癌症、心脏病或老年痴呆，却在人类身上失败了。

也许我们不该对此感到惊讶。在进化上，啮齿动物和人类在

7 000万年前就已经分道扬镳了，那时恐龙还在统治地球。我们的生理结构明显不同。小白鼠是众所周知的实验动物，而青霉素对小白鼠实际上是致命的，如果科学家最初在小白鼠身上测试这种药物，它就永远不会进入市场。即使是人类进化上的近亲，也有不同的生物特性。艾滋病病毒会破坏人类的免疫系统，在黑猩猩身上却是一种无害的、缓慢生长的病毒。鉴于这些事实，动物实验的一些批评者一直很严厉。有人称动物研究是"一个内部自洽的宇宙，与医学现实几乎没有联系"。

的确，动物研究仍然有助于治疗。即使没有其他效果，它至少有助于在人体试验之前筛选出有毒药物，这不是小事。但过去的几十年里有一项运动，即减少实验室中使用的动物数量，并寻找替代方案。可能的替代方案包括，在培养皿中的人类器官（类器官）上进行试验，或使用计算机程序通过与已知化合物进行比较来评估新化学品的功效。一些动物已经获得了低级别的法律权利。美国政府不再支持对黑猩猩的生物医学研究，而且对使用猴子的要求也很严格。同样，美国环保局（EPA）最近宣布，在2035年前逐步取消对哺乳动物的毒性试验，并严格限制对鸟类的试验。（对两栖动物和鱼类的试验将继续进行。）也许最令人惊讶的是，章鱼[1]的聪明才智已经说服了一些国际组织，要求科学家在对它们进行试验时获得特别许可。这一点尤其重要，因为章鱼是无脊椎动物，人类通常将其排除在道德规范之外。

总而言之，相比于19世纪80年代，今天的动物研究已经大为改善。但在世界各地的实验室里，虐待动物的报告仍然不时出现，离谱的试验（如猴子头部移植）也没有停止。爱迪生的狗的

---

1 章鱼有很多技巧，包括玩耍物体和打开罐子——不需要人教它。想想德国一家水族馆的章鱼奥托（Otto）。很明显，奥托对晚上照进鱼缸的灯光很不满，于是它学会了把自己拖到鱼缸边，向灯光喷水，使其短路。它连续三晚重复这个过程，水族馆的工作人员却不明白为什么电路一直烧坏。他们晚上睡在地板上，才最终抓住了它。

嚎叫声至今仍在回荡。

$$\lightning$$

最终，即便有威廉·凯姆勒受到的折磨，也无法否定交流电的优势。在1893年的芝加哥世界博览会之前，通用电气公司以55.4万美元（相当于今天的1 600万美元）的价格提交了一份使用爱迪生的直流电照明设备的投标。西屋公司以15.5万美元的低价竞标，赢得了合同。此后，质量和成本的差距只会越来越大。到1896年，尼亚加拉瀑布附近的一座交流电厂为布法罗供电，供电距离为惊人的20英里，这个跨度是直流电永远无法比拟的。

尼亚加拉电厂投产后，爱迪生就承认在电流之战中输了。[1] 历史上很少有人能与他的发明创新相提并论，但他钟爱的直流电在20世纪的廉价电力革命中几乎没有发挥任何作用。

一些历史学家认为，爱迪生的失败并非不可避免，如果他更早认识到直流电的缺陷，转而使用交流电，凭他的威望足以在市场上胜出。也许会这样。但如果没有特斯拉的专利，他就会处于很大的劣势。而爱迪生如果不固执己见的话，他就不会是爱迪生。真正的耻辱是，他没有优雅退出，没让那些马、小牛和狗免于遭受电刑的痛苦和耻辱。此外，虽然威廉·凯姆勒无论如何都会被处决，但爱迪生的助推让他经历了法理学史上最可怕的死亡之一。有趣的是，在后来的采访和回忆录中，爱迪生完全没提到虐待动

---

1 虽然互联网喜欢把爱迪生描绘成特斯拉生活中的恶棍，但乔治·威斯汀豪斯才是真正害了他的人。19世纪80年代末，西屋公司与特斯拉签订了一份慷慨的特许权使用费合同，该合同约定，特斯拉的设备每生产1马力（按英制，1马力约为746瓦特），就向他支付2.5美元。考虑到西屋公司惊人的扩张速度，到1893年，这个数字将达到1 200万美元（相当于今天的3.23亿美元），这个数字将使公司破产。所以威斯汀豪斯恳求特斯拉撕毁他们的合同。他说："你的决定决定了西屋公司的命运。"令人难以置信的是特斯拉同意了。和爱迪生不同，威斯汀豪斯信任他，特斯拉觉得有责任帮助威斯汀豪斯。所以他们宣布合同无效。

可悲的是，威斯汀豪斯对特斯拉的回报没有那么慷慨。许多年后，当西屋公司的利润高得惊人时，特斯拉回到他的恩人身边，手拿帽子，要求拿回一些钱，威斯汀豪斯却拒绝了。特斯拉多少有些贫困地结束了自己的生命，甚至无法负担他在纽约所住酒店的租金。

物和他在开发电椅中扮演的角色。

无论多么激烈，爱迪生与威斯汀豪斯及特斯拉的争执只是历史上众多科学对抗中的一个。事实上，美国科学家之间的另一场激烈争执也在19世纪末达到顶峰，而动物又一次被卷入了这场斗争。幸运的是，爱德华·德林克·科普（Edward Drinker Cope）和奥塞内尔·查利斯·马什（Othniel Charles Marsh）之间的争执所涉及的动物已经无法遭受什么苦难：两人都是古生物学家，为了恐龙化石而战。与破坏性的"电流之战"不同，"化石战争"（Bone Wars）不仅推动了该领域的发展，而且是科学史上最令人愉快的"斤斤计较"。

第六章

破坏

化石战争

爱德华·德林克·科普欣喜若狂。他刚刚赢了他的宿敌奥塞内尔·查利斯·马什，而且是以最羞辱的方式。

那是1872年8月，科普和马什领导的两个团队都在怀俄明州西南部发掘化石。每个团队都全副武装，尽量避免与对方接触，但这里总是有一条尘土飞扬的马车道，或者一些被遗弃的工具，提醒他们对手的存在。一天，科普的好奇心占了上风，他悄悄躲起来，花了几小时在远处监视马什的团队开凿岩石。

当马什的团队收拾东西离开时，科普偷偷下去勘查。令他高兴的是，他发现了一块被忽略的头骨碎片，附近还散落着几颗牙齿。事实上，头骨和牙齿的不寻常组合表明这是全新的恐龙物种。马什忽略了它们。科普把骨头装进口袋里，漫步返回营地，毫无疑问这让他的脚步更加轻快。

他不知道这是马什开的玩笑。马什的队员察觉到了科普的偷窥行为，在现场"撒上了"属于不同物种的头骨和牙齿。他们想欺骗科普，让他当众出丑，而他正好走进了这个陷阱。科普很快发表了一篇论文，阐述了自己的"发现"，但后来又不得不撤回。

竞争本身非常有趣，它消耗时间和精力，激起卑鄙的本能，用琐碎的情绪吞噬我们。但在这个过程中，竞争也将人们推向伟大。在相互竞争的愤怒中，马什和科普发现了数百种新恐龙和其他物种，整个博物馆都堆满了标本。他们的工作也使恐龙从一种不起眼的蜥蜴分类变成了史上最著名的动物。就像一只可爱的凤凰，对地球历史和人类地位的全新理解从他们仇恨的灰烬中诞生。

奇怪的是，科普和马什最开始是朋友，尽管他们的性格截然不同。

马什的人生进程沉重而缓慢。他在尼亚加拉瀑布以东的一个农场度过了青年时代，过着打猎和捕鱼的生活。如果不是因为他的舅舅乔治·皮博迪（George Peabody），他可能会随波逐流地过一生。不知道什么原因，这位富有的金融家看中了这个小伙子，为他在新罕布什尔州著名的菲利普斯埃克塞特学校交了学费。（马什20岁入学，同学们都管他叫"爸爸"。）学校出乎意料地唤醒了马什对博物学的热情，而之后乔治舅舅尽职尽责地将外甥送进了耶鲁大学。在那里，马什在他寄宿的阁楼上收集了许多矿物和化石，以至于住在楼下的房东不得不加固她的天花板，以防梁柱倒塌。

马什长着一张清瘦的脸，眼睛炯炯有神。他渴望组建家庭，但他在女人面前总是很尴尬。（他曾称一位潜在的恋人是他见过的"最漂亮的小脊椎动物"。）他不甘心过单身生活，1860年从耶鲁大学毕业后他去了欧洲，在乔治舅舅的资助下，在不同的博物馆和大学学习了几年。

相反，科普一生都很繁忙，他和马什相比就像是兔子和乌龟。科普在费城郊外长大，被认为是博物学领域的神童。13岁的一个夏天，他在农场干活时，抓住了一条2英尺长的蛇的颈部，兴高采烈地把这条咝咝作响的蛇拖回了自己的寄宿家庭。人们惊慌失措，尖叫着说这是毒蛇。但在蛇试图咬他的间隙，科普冷静地检查了蛇的牙齿，并解释了为什么他们是错的——这条蛇没有注射毒液的毒牙。所以，他说，不需要担心。

科普有着邪恶的笑容和浮夸的胡子。21岁的他已经发表了31篇科学论文，这是个骄人的职业生涯开端。与此同时，他也逐渐有了急躁的名声。尽管科普是贵格会教徒，从小成长在和平主义

急躁的古生物学家爱德华·德林克·科普在他的办公室（更多图片见samkean.com）

的环境中，但他天生好斗，一位朋友曾称他的生活方式为"不惜一切的战争"。他最常与他的父亲发生冲突，他的父亲是商人，给他买了一片土地，打算培养他从事农业。关于科普的未来，他们经常争吵不休。科普也喜欢与其他科学家辩论。有一次他在科学会议外的走廊上与一位同事互殴，两人都挂了彩。那个人是科普最好的朋友。

1861年，科普搬到华盛顿特区，在史密森尼学会（Smithsonian Institution）学习。可惜他是个浪荡子，在那里卷入了一场混乱的爱情。由于他在这一时期的大部分信件已经丢失（或被销毁），所以细节依旧是个谜。他的情人是女清洁工、女继承人，又或者他们是罗密欧与朱丽叶？没有人知道。无论如何，科普的父亲把他送到海外，让他与X女士分开。这次远行也使他避免了被征入联邦军队的可能性。[1]

科普和马什都是身处欧洲的年轻美国博物学家，他们自然会遇到对方。1863年，他们在柏林相遇。一如既往，32岁的马什已

---

1 这里是指南北战争，发生于1861年至1865年期间，是美国历史上最大规模的内战。——译者

经耐心地学习了几个月，23岁的科普则在城里疯狂游览，出入不同的博物馆。马什后来把科普描述成在柏林的边缘型狂人——仍在为失去爱情而耿耿于怀的善变的哈姆雷特。尽管如此，马什还是对他的年轻同事产生了好感，他们开始每隔几个月就通信一次。回到美国后，科普甚至以马什的名字命名了一种新的两栖动物；而马什也投桃报李，以科普的名字命名了一种水生爬行动物。

然而，没过多久他们的关系就出现了裂痕。第一次争吵牵涉到新泽西州的几个恐龙坑。1817年，恐龙最早被认为是英国特有的东西，这主要是因为玛丽·安宁（Mary Anning）等业余化石猎人在英国的一些早期发现。直到1858年，人们才知道北美也有恐龙，当时博物学家约瑟夫·莱迪（Joseph Leidy）从新泽西州的一个采石场找到了鸭嘴龙的骨头。（通常情况是，采石场工人先在常规挖掘中发现这些骨头，然后采石场主联系科学家，科学家便来接手。）有了莱迪的支持，科普于1866年开始在采石场工作，并发掘了一只食肉恐龙（现在被称为"伤龙"）。科普非常激动，他做了一件让父亲伤心的事：在第二年辞去了教职，带着新婚妻子和女儿搬到了采石场附近，开始全职挖掘。为了利用他们的发现，莱迪和科普雇了一位雕塑家在费城的博物馆里安置了一件26英尺的鸭嘴龙复制品，这是历史上第一具组装好的恐龙骨架，是艺术与科学的完美融合。[1]消息很快就传到了纽黑文的马什那里。

和科普一样，马什最近也干得不错。他一直在催促乔治舅舅在耶鲁大学建一座自然历史博物馆，还带着一点上流社会的勒索

---

[1] 虽然莱迪和科普的骨架是最早完整装好的骨架，但它并不是历史上最早的重建恐龙模型。19世纪50年代，英国古生物学家根据少得可怜的骨头碎片为伦敦的公园制作了一些离奇的恐龙雕塑。它们非常受欢迎，以至于纽约的官员计划在中央公园建一套类似的怪物——本来也会这么做，但是特威德老大（Boss Tweed）出现并摧毁了它们，然后把雕塑家赶出了城。更多关于这个疯狂故事，请看samkean.com/podcast第6集。

顺便说一句，马什曾经用纸糊法制作了一种生物（被称为"恐角兽"的类似于犀牛的哺乳动物）的骨架，并将其装入模具。关于纸，他用了他能找到的最厚、最结实的材料：撕碎的美钞。结果这只野兽成了字面意义上价值百万美元的骨架。

意味，想让耶鲁大学知道他希望通过促成交易而获得回报。皮博迪最终拿出了15万美元（相当于今天的260万美元），作为交换，耶鲁大学任命马什为博物馆受托人，并给他古生物学教授的头衔，开了北美地区的先河。

在职业上，马什已经到达美国化石猎人的顶峰。但在科学上，科普和他的新泽西标本却独占了所有荣誉。因此，马什写信给科普，问他是否可以参观采石场。科普同意了，1868年3月，两人在雨雪中散步，发掘和探索，度过了愉快的一周。结束时，马什感谢科普的慷慨，动身前往火车站，然后又迅速折回采石场。他贿赂采石场主，让他们切断对科普的供应，转而把最好的化石输送给他。此后，所有优质化石都到了耶鲁大学。

科普直到后来才知道这个阴谋，但那时他已经因为另一件事跟马什闹翻了。几年前，铁路工人在堪萨斯州开凿页岩时发现了一只壮观的蛇颈龙——一种已经灭绝的水生爬行动物。科普最终得到了这具骨架，并将其命名为"薄片龙"，意思是"薄板爬行动物"或"带状爬行动物"，因为它的尾巴特别长，可以延伸几十英尺。科普随后将这具骨架装好，在费城的一家博物馆展出，并匆匆写了一篇关于其解剖结构的论文。

马什再次拜访科普，观看了这具骨架，再次妒火中烧。但他仔细一看，眉头顿时皱了起来，他发现一个错误——科普在匆忙中将脊椎骨安反了。也就是说，他误认为脊柱的顶部是底部，因此把头部装到了尾部。这种带状爬行动物根本没有很长的尾巴，而是有很长的脖子。

马什后来发誓说，他只是温和地指出这个错误。但科普坚持认为他非常"苛刻"和残忍。无论如何，两人就脊柱的方向吵了起来。为了仲裁这个问题，他们请来了同样在博物馆工作的莱迪。在检查完之后，莱迪拔掉颅骨，走了很长一段路到"尾巴"的顶端，并重新接上。

科普非常羞愧。无论多么高产，他仍然是一个年轻的科学家，像这样刺眼的错误可能摧毁他的职业生涯。他开始购买并销毁每一期刊有薄片龙论文的杂志，甚至要求同事把他们的杂志寄给他，费用由他承担。（后来他印了新的一期，纠正了错误。）马什尽职尽责地按照科普的要求，把他的杂志寄了过去，然后又偷偷买了两本，并在余生都保留着这些杂志。他认为整件事情很滑稽。与此同时，科普也很生气，并且永远不会原谅马什揭发了他。

即便马什没有让科普感到难堪，两个人最终也会因脾气不同而分道扬镳。科普快，马什慢；科普有魅力，马什很谨慎。马什全心全意地相信查尔斯·达尔文的新进化论，并成为美国早期的支持者；科普则赞同神创论，非常艰难地接受了进化论这一事实。即便如此，他还是在这个过程中为上帝保留了一个角色，而马什对此嗤之以鼻。

不过，虽然他们相互厌恶，但如果不是因为环境的转变，他们的关系可能不会恶化为彻底的仇恨。在东部舒适的博物馆里，他们只是温和文明地反感对方。而一旦转移到蛮荒狂野的西部，科普就不可避免地发动了"不惜一切的战争"。

几百万年前，北美洲的腹地是巨大的内陆海，像是美国的地中海。无数的死亡生物被埋葬在海底和海岸，由于地质侵蚀和构造隆升，它们的遗骸最终暴露了出来，产生了史上最丰富的化石层之一。在19世纪中期，西部一些地方的化石非常丰富，躺在地上的骸骨就像是原始的野餐遗迹，怀俄明州的一个牧羊人曾用古代的骨头建造了完整的房子——一座骨学木屋。

内战结束后，有关这块宝地的消息开始传回东部。1870年，马什组织了一次化石寻猎探险，部分资金来自乔治舅舅的遗产。他的主要勘查助手是耶鲁大学的十几个傲慢的年轻人，但美国军队提供了关键支持。19世纪70年代，从美国东海岸到密西西比河以西的许多地方，实际上比到欧洲更加困难。马什的队员在很大程度上依赖军队及其边境堡垒的物资。此外，鉴于美国政府努力将印第安人部落赶出他们的土地（如果不是消灭他们的话），马什的队员很可能在没有军事力量的情况下遭遇伏击和杀害。事实

沉思的古生物学家奥塞内尔·查利斯·马什和红云酋长，后者称马什"是我见过的最好的白人"（耶鲁大学提供）

上，在马什的第一站——内布拉斯加州的一个堡垒，他遇到一位羚羊猎人——他在前一天跟跟跄跄地走进来，身上插着一支箭。

马什最开始的队伍有70人，包括军方的护卫队和几名波尼族向导。每个人都带着一把猎刀、一支卡宾枪和六发子弹。在所有随行人员中，最值得注意的是威廉·科迪（William Cody），他后来被称为"水牛比尔"，是荒野西部秀的马戏团老板。（当时还不出名的比尔在军队里当侦察兵。）一行人出发时，比尔听着马什的演讲，关于古代巨大的雷霆蜥蜴，关于他们周围尘土飞扬的陆地以前是在水下。比尔只是点了点头，心里笑了笑，假装在听。他曾经讲过一些荒诞的故事，但他不得不承认自己败给了马什：他从来没有讲过像这样的大话！

水牛比尔第二天就离开了，他拒绝帮助发掘化石。但陪同马什的士兵热心地参与其中。（波尼族人更不情愿，直到马什给他们看了一些古代的马的化石，让他们很高兴，从而改变了想法。）在悬崖上寻找骨头的时候，挖掘者不仅要看形状，还要看质地——骨头比岩石更平滑、更有光泽，而且内部往往有明显的海绵状结构。一旦找到化石，就要用凿子、刀子、铲子或镐子，不惜一切代价地开凿化石。挖掘者还要长时间痛苦地跪在地上爬来爬去，把鼻子伸进泥土里，寻找骨头碎片或自然脱落的牙齿。把精致的结构包裹在棉花或报纸中，塞进雪茄盒或锡罐，以便运回东部。巨大的股骨——有些重达0.25吨——可能被包裹在浸有巴黎石膏的麻布条中，这与医生制作骨折石膏的基本方法相同。

从一个地方到另一个地方，部队在接近120华氏度的温度下连续行军长达14小时。食物还算丰盛——水牛牛排、炖野兔、罐装蔬菜和水果——但水很稀缺，有时他们不得不在雷雨天用帽子灌满水，然后一饮而尽。熊和土狼追着他们跑，老鼠和蝾螈在晚上挤满了他们的帐篷。但对马什来说，这些困难并不能降低收集的快感。除了恐龙，他的团队还发现了乳齿象、古骆驼和犀牛，以及几种已经灭绝的马。事实上，当他们到达犹他州时，杨百翰（Brigham Young）[1]就马的残骸亲自询问了马什。博物学家对这一特殊经历感到困惑，直到杨百翰透露了他感兴趣的原因。根据摩门教传说，马起源于美洲，而不是欧亚大陆，杨百翰正在寻找这方面的证据。当时没有一位博物学家支持这个观点，但马什的研究最终证明他是对的。（与此同时，耶鲁大学的勘察助手们对杨百翰的22个女儿更感兴趣，他们在当地剧院的一个包厢里与她们调情。）

到12月旅行结束时，马什已经把一整节火车车厢的化石送回了耶鲁大学。但他最著名的发现发生在他在堪萨斯州实地考察的最后一个小时。当他在小径旁的岩石周围闲逛时，他注意到地上的半块骨头。长6英寸，空心，像一根粗大的吸管。他认为这是手骨的一部分，相当于小拇指的一节，但他不知道是什么物种。

由于天色越来越暗，马什没有时间寻找另一半骨头。他所能做的就是在附近的岩壁上刻一个十字架，标记这个地方，等下个季节再来。

马什整个冬天都在思考这块碎片。根据其独特的形状，他推断它属于翼手龙。唯一的问题是，当时所有已知的翼手龙物种的翼展都很小，只有鹰那么大，或者更小。如果这块骨头真的对应它的小拇指，那么这一定是只巨大的野兽，翅膀至少有20英尺宽。马什心里想，这是一条"龙"。

这正是为他赢得荣誉的发现——只要他正确判断了"龙"的尺寸。但是，如果这块骨头的另一半实际上要小得多，或者它根本不是来自小拇指呢？马什一反常态，抛弃了谨慎，匆匆忙忙地

---

1 杨百翰（1801—1877），曾在1847年带领一批信仰摩门教的白人教徒穿越大半个美国，在犹他州盐湖城定居，并成为犹他州的首任总督。他至少有55个妻子和57个子女。——译者

将一些东西打印出来。然后他担心了好几个月，这会是他"把头骨安在尾巴上"的时刻吗？会成为科普报复他的工具吗？

第二年春天，马什把他的第一站安排在堪萨斯州。队员们一搭好帐篷，他就飞奔过去，找到了他在岩壁上刻的十字架。经过几分钟的搜寻，他找到了另一半骨头，以及其他几块嵌在岩石里的翼骨。这条"龙"和他希望的一样大。这是个成就职业生涯的发现，足以让世界上其他古生物学家羡慕不已。

科普还是一如既往地缺乏经验。当他的对手利用舅舅的财富在西部做出引人注目的发现时，科普却一直被困在新泽西州，勉强维持生计。尤其令人痛心的是，科普的父亲其实很有钱，他只是不让科普把钱花在寻找化石上，他仍然想让儿子成为绅士农场主。最后，经过多年的争论，科普迫使他的父亲卖掉了他遗产中的一大片农场。好巧不巧，卖掉后不久，马什发表了一连串关于自己新化石的论文，让科普非常嫉妒。

除了这些发现本身，科普也反对他所看到的马什对恐龙研究的有害影响。不想过度精神分析，但科普认为恐龙和自己很像——迅速、灵活、飞快。相比之下，马什认为恐龙更像自己——迟缓而有条理的野兽，大部分时间都在蹒跚前行。两人都认为对方的想法荒谬可笑，但马什突然获得的名声给了他更多筹码，使他的观点在古生物学上留下印记。因此，科普用出售农场的收入，在1871年9月进行了自己的、竞争性的西部收集之旅。现在，阿喀琉斯要与埃阿斯一起上战场了。[1]

不可避免地，科普探险队的消息传到了马什那里。鉴于马什自己闯入新泽西州采石场的方式，如果他抗议科普的西进，就显得太虚伪了——何况西部的空间那么广阔。很自然地，马什大为

---

1 阿喀琉斯和埃阿斯都是希腊神话中的人物。传说中他们是堂兄弟，在特洛伊战争中作为希腊军队中的英雄与特洛伊军队交战。——译者

烦恼。他向他的军队联系人散布消息，让他们不要相信这个闯入者。而当科普到达西部边界时，许多士兵和堡垒里的侦察员都对他冷眼相看。有个兵营还强迫他睡在干草堆里。科普没有理会这些怠慢，还是出发了。

科普的探险考察与马什的有所不同。马什一直喜欢打猎，并在路上射杀动物；而科普这位和平主义者甚至拒绝携带枪支，只是勉强同意由五名士兵护送。马什陶醉于野外生活，与队员打成一片；而科普每天晚上都会在篝火旁大声朗读《圣经》，无视队员们的嘲笑、白眼和意图破坏的嘀声。马什和科普都会在马鞍上讲授地质构造，但科普也会指出野花。科普还给她的女儿茱莉亚（Julia）写了感人的信（信中使用了贵格会教徒的敬称），偶尔会抓住响尾蛇，用酒精浸泡后带回家给她。

接下来的几年里，在各种收集活动中，科普的队员经历了许多艰难困苦：龙卷风；流沙；碱性（或恶臭）的水池令他们作呕；恶劣的沙尘暴使他们的皮肤在之后的几天里都会渗出沙砾；极具攻击性的成群的昆虫使他们必须用熏肉油涂抹皮肤，否则就有可能被活活吃掉。然而，和马什一样，再多的困难也无法阻挡科普的兴奋。他曾经在短短两天内发现了十个新化石物种，并发现了几十个已经灭绝的物种——鼬、乳齿象、鱼和巨大的乌龟。最重要的是，他发现了一种比马什的龙还要大的翼手龙，这让他有了吹嘘的资本。的确，这项工作也对他造成了损伤。在思考了一整天的古兽之后，科普也会在日落之后的幻梦中看到它们，这是种可怕的经历。同伴回忆说："我们白天发现的每一种动物都会在晚上戏弄他，把他扔到空中，踢他，践踏他。当我叫醒他的时候，他会真诚地感谢我，然后躺下等待下一次攻击。"然而，科普从未犹豫过，第二天早上又开始挖掘。这就是痴迷。

总的来说，科普把成吨的化石运回了费城。由于像兔子一样的个性，他很快就在公开发现方面超过了他的对手。马什也成吨地把自己的化石运回耶鲁大学，但即便他在西部领先，速度很快的科普也经常先发制人——在期刊上发表文章，并获得马什收集到但还没有来得及描述的物种的优先权。科普也更愿意从骸骨碎片或少量脊椎中创造出全新的物种。仅在1872年，他就发表了56篇论文，平均每周一篇以上。

然而，马什越来越怀疑科普并不是仅仅依靠速度来获得优势。在他们的争斗中，马什一直是主要煽动者，通常是由他开启"操场防守"。但他看得越仔细，就越发现有迹象表明科普也开始用一些下流的手段。

例如，有几次马什和科普几乎同时发掘了相同的物种。然而，在翻阅科普的论文时，马什注意到一些地方与所谓的发现日期不一致。在得出最严厉的结论后，他指责科普倒填日期，以便争取优先权。（后来科普承认了这些错误，但将其归咎于他的秘书和出版商。）大约在同一时间，马什收到了科普的包裹，里面有一些化石。在一封附信中，科普解释，这些化石是在堪萨斯州的一个火车站，从马什的一个箱子里意外"抽取"出来等待运输的。最巧的是，丢失的化石后来被转给了科普。马什认为这封信是在嘲讽他，他很生气——尤其是因为科普从未归还这批货物中最宝贵的标本。

作为回应，马什呼吁强大的美国哲学学会（American Philosophical Society）谴责科普的行为，并撤回他在其内部期刊上的旧论文。该学会没有走到这一步，但同意禁止科普今后发表一些论文。该学会设在费城，是科普的权力根基，这种抵制可能会严重损害他的事业。他觉得自己别无选择，只能抵消这种威胁。当科普的父亲在1875年去世时，他给儿子留下了25万美元（相当于今天的600万美元）。科普买了很多东西，包括一家名为《美国博物学家》（*The American Naturalist*）的科学期刊。这使他能以自己喜欢的速度发表论文，即使在其他地方受阻也没关系。作为编辑，科普还能随时抨击马什。马什的前助手写了一篇文章，称马什为"诡计多端的煽动者"，并谴责他"不寻常的良心弹性"。在另一位助手的讣告中，科普指责马什窃取下属的创意，而且不承认。（这个指控有一定道理。）

没过多久事情就升级了。部分是为了覆盖更多的土地，19世纪70年代中期，科普，特别是马什，开始越来越多地将实际挖掘工作委托给专业的化石猎人团队。很自然地，这些"化石尖兵"队伍继承了他们老板的偏见，以及他们尖锐的行事方式。科普的属下有时会以卖杂货为借口潜入马什的营地。马什的队员开始反过来监视科普的人，他们用加密语言向马什报告：科普的代号是"B. Jones"，找到化石的好运气是"健康"，要钱的请求是"弹药"。挖掘地点的安全问题变得十分紧张，以至于科普的一个队员甚至拒绝告诉他的父母自己将在哪里度过夏天。

不久之后，几名发掘者从一个营地叛逃到另一个营地，高兴地通过出卖秘密换取更高的报酬。其他人则保持忠诚，他们会爬上悬崖，向下面的人投掷石头。如果有人发现了一个印记（比如马什的十字），意味着有人标记了一条小路，以便之后再来探访，这些化石尖兵就会把印记抹掉，然后自己过来抢夺化石。他们还用碎石填满旧的挖掘点，据说甚至用炸药炸毁，防止他们的对手将来去那里发掘。最令人震惊的是，一次马什的手下关闭了一个挖掘点，他用靴子踩碎了几十块化石，把它们踩成了粉末——从而避免被科普的手下找到。压力非常大，甚至同一方的工作人员都会争吵。马什的高级中尉用枪指着另一名组长，要与他决斗。

最终，一些挖掘者忍受不了如此激烈的战斗。一个人辞职去放羊，另一个回到了教学岗位。科学界的同行也很反感。北美第一只恐龙的发现者约瑟夫·莱迪此时已经完全退出了恐龙古生物学，他确信这不再是个有绅士精神的领域。

不过，尽管偶尔有破碎的化石，但古生物学领域还是从竞争中受益匪浅。知道他们存在竞争，队员比科普和马什更努力，搜索范围也更广，几种标志性的恐龙都是在这个时期首次被发掘出来的，如三角龙、剑龙、雷龙[1]等等。马什和科普也倾尽自己的所有财富，用在装备探险队和准备标本上。仅马什就花了3万美元（相当于今天的72万美元）来复原一只特别精美的雷龙，这是前所未有的。事实上，多亏了这两个对手，美国的古生物家远远超过其他国家。不同于化学、物理学或生物学，最好的研究不是在伦敦、巴黎或柏林，而是在美国国内。罪恶的科学也有好处。

除了古生物学，其他领域也受益匪浅。查尔斯·达尔文知道，进化论的存废将取决于化石记录，而科普，特别是马什提供了重要支持。马什的专长之一是带牙齿的古代鸟类，这有助于证实当时有争议的理论，即恐龙已经进化为现代鸟类。同样重要的是，马什可以通过6 000万年内的28个物种追踪马的进化，展示出一种四蹄、狐狸大小的动物变成今天雄伟的有蹄马的过程。"达尔文的斗牛犬"托马斯·亨利·赫胥黎（Thomas Henry Huxley）拜访马什，询问马的进化情况，他大吃一惊。在此之前，从来没有

---

1 是的，我知道——省掉那些愤怒的字眼吧。严格来说，我们应该把雷龙（Brontosaurus，可爱的名字）称为迷惑龙（Apatosaurus，笨拙的名字）。但根据一些科学家的说法，"雷龙"可能要卷土重来了。这个名称的混乱可以追溯到1877年，当时马什根据一些椎骨和零星的盆骨想出了"迷惑龙"这个名称。两年后，他以同样粗略的理由命名了"雷龙"——将一个地区的长脚龙的头与另一个地区的长脚龙的骨架结合起来。尽管一些同事对这只"弗兰肯恐龙"提出了怀疑，但马什的声誉使"雷龙"这个名字屹立不倒。直到1975年，古生物学家重新评估了几个标本，认为雷龙和迷惑龙是同一种动物。根据科学命名的规则，由于"迷惑龙"最先出现，所以"雷龙"这个名称不再有效。（"雷龙"这个名字之所以能流传下来，部分是因为博物馆更新其陈列品的速度很慢，所以这个名字一直存在于公众的意识中。）然而，根据一些科学家的说法，雷龙可能是真实有效的物种。他们比较了古老的骨骼，说马什的原始骨骼碎片与迷惑龙有区别，足以算作独立物种。因此，我们心爱的雷龙可能会卷土重来。时间会说明一切……

人追溯过现存动物从古代进化而来的过程。同样令人印象深刻的是，每当赫胥黎对某些观点提出怀疑，或者要求以中间物种的形式证明时，马什都会派助手去取赫胥黎想要的东西。赫胥黎最后结结巴巴地说："你是魔术师，无论我想要什么，你都能把它变出来。"达尔文也认为马什很有魔力，并写信称赞他在有齿鸟类方面的工作"很了不起"。

如果说科普和马什之间的争斗在早期对他们和这个领域都有好处，那么在代价极大的斗争后期就不是这样了。

尽管他们那样对待彼此，但科普和马什都有极高的道德底线。科普是和平主义者，每天晚上都读《圣经》。而马什冒着名誉受损的风险，抨击西部地区对美洲印第安人的可怕虐待。

马什从1874年开始为印第安人争取权利，是在一次到达今天的南达科他州的荒野寻猎化石的旅行之后。最开始，当地部落拒绝让马什进入，他们认为"探险"是个幌子，实际目的是前往附近的黑山窃取黄金。部落中的长者勉强同意让他通过，前提是马什承诺将他们对虐待的抱怨转达至华盛顿。马什于11月出发，他去的地方十分寒冷，有时吃晚饭前不得不削下胡子上的冰柱。让印第安人感到惊讶的是，马什遵守了他的诺言，没有偷取黄金，回来时只带了满满一车旧骨头。

事后，红云酋长（Chief Red Cloud）把马什拉到一边，向他展示了他们抱怨的依据。各部落与美利坚合众国签署了条约，通过割让土地换取食物和物资。红云向马什展示了当年的配给——腐烂的猪肉、发霉的面粉、被虫蛀的衣服和破旧的毛毯。和所有有良心的人一样，马什知道，向印第安人分发商品的代理人是骗子。不过直到那一刻，他才知道骗子有多么狡诈。他感到震惊，并答应把这件事告诉华盛顿的官员——不，是告诉总统本人。红云点了点头，感谢马什，但并没有抱太大希望，他已经听过太多没有兑现的诺言。该死，说不定马什也参与了这个骗局。

再一次，马什让人感到意外。1875年，他前往华盛顿参加科学会议，并利用此行对西部的印第安人代理人发起了攻击。他特别针对所谓的"印第安利益圈"（Indian Ring），该圈由一群贪婪而腐败的官员组成，甚至连美国军队中最臭名昭著的印第安人杀手乔治·阿姆斯特朗·卡斯特（George Armstrong Custer）都对他们感到厌恶。马什亲自会见了该组织的成员，当他们拒绝他的改革要求时，马什找了一些人帮忙，骗取了与尤利西斯·S.格兰特（Ulysses S. Grant）总统等人见面的机会。马什还说服了一些支持改革的记者撰写揭发文章。走投无路的"印第安利益圈"开始散布谣言，说马什是酒鬼，在西部有"不检点行为"，也许是与耶鲁大学的男生。马什咬紧牙关、没有还击，因为他担心任何污言秽语都会伤害印第安人的事业——在他一生中只有这么一次。

经过几个月的努力，马什终于在1875年年底揭露了"印第安利益圈"的丑闻，并迫使几个著名官员辞职。这当然没有结束代理人之间的腐败，更没有结束对印第安人土地的侵占。但红云对马什的努力深有感触。"我以为他会像所有白人一样，在离开时忘了我，"红云后来说，"但他没有，他把一切都告诉了格兰特总统，就像他承诺的那样，我认为他是我见过的最好的白人。"

这次呼吁使马什成了名人，并为他赢得了许多华盛顿人的尊重。那么，他用自己新获得的声望和道德高地做了什么？当然是攻击爱德华·科普。

整个19世纪70年代，美国政府的不同机构赞助了一系列地质调查，目的是制作本国的详细地图。马什和科普都参与了不同的调查工作，并获得了他们提供的资金。（事实上，科普多次被训斥，因为他没有坚持履行自己的职责，而是偏离了方向去寻找化石。）然而，国会里的吝啬鬼不希望同时进行四项调查——似乎是冗余的。1878年，他们提议将所有的工作合并为一项调查。

马什在这个决定中看到了机会。他已经把在华盛顿的名气兑换成了国家科学院（National Academy of Sciences）的副院长，院长不久后去世，马什就接管了科学院。非常巧的是，国会向科学院征求关于合并地质调查的建议，于是马什用自己全部的政治影响力——甚至会见了总统拉瑟福德·B.海斯（Rutherford B. Hayes）——关停了支持科普的调查。然后，马什被任命为新合并调查的首席古生物学家。在关于合并的官方讲话中，他高兴地说："这是美国科学的一件大事。"也许吧。对奥塞内尔·马什来说，这无疑是件大事。

同时，科普处在一片凄惨中。他已经花掉了大部分遗产，现在主要资助来源又被切断了。他轻率地把剩下的大部分钱投入西部的一些矿业公司，认为自己先进的地质学知识会让他在选择好的投资项目时更有优势。但事实并非如此。那时的采矿业基本上是合法赌博，它甚至不像赌场那样提供虚假的赔率。欺诈和吹嘘比比皆是，到19世纪80年代中期，科普一败涂地。如果不是因为在宾夕法尼亚大学有一份教职，他早就破产了。

然后是最后一击。1889年，科普收到一封信，要求他把所有的化石交给华盛顿的史密森尼学会。在收集这些标本的过程中，科普实际上自费了75 000美元，但由于他同时在地质调查中工作，政府认为自己对这些标本有所有权。这封信来自内政部长，但科普确信马什是整件事的幕后黑手。

面对灭顶之灾，科普决定最后一搏。在古生物学界，马什的助手通常过了几年就会鄙视他，这已经不是什么秘密。马什克扣报酬、窃取创意，而且从不给助手任何独立性。科普曾经试图利用这种不满情绪，在某年普林斯顿大学和耶鲁大学的橄榄球比赛中偷偷溜到纽黑文，与马什的助手见面，煽动叛乱。阴谋失败了（助手们也不喜欢科普），但科普仍然开始从信中收集到一些小道消息，他把这些信放在办公室右下方的抽屉里，称之为"Marshiana"（马什合集）。在没收化石的威胁到来后，他决定向世界揭露他的对手。

为此，他联系了威廉·荷西·巴鲁（William Hosea Ballou），他曾任《美国博物学家》的助理，现在为耸人听闻的《纽约先驱报》（*New York Herald*）做报道。科普曾经以巴鲁的名字命名过一块化石，而巴鲁也将科普视为偶像：他曾经宣称，科普甚至比查尔斯·达尔文更聪明。听了科普的介绍，巴鲁欣然同意写一篇报道，讲述合并地质调查中的腐败——还顺便抹黑了马什。

巴鲁甚至违反了当时的新闻准则，采访了马什的几个前助手，却没有告诉他们自己是记者。他伪装成只是想跟同事闲聊的科学家同行，这个伎俩奏效了，他收集到很多宝贵的描述。一位前助理称马什的工作是"有史以来最显著的错误和无知的集合"。另一个人声称地质调查的腐败程度不亚于坦慕尼协会（Tammany Hall）[1]。还有人宣称："我认为（马什）从来没有在科学领域连续做两天诚实的工作。"然后又说马什"在说假话能达到目的情况下绝不会说真话"。

公平地说，在发表文章之前，巴鲁确实把文章给马什看了，让他有机会回应，他还把文章给地质调查的负责人看了。该负责人立即写了一份答复，但马什采取了不同的做法。他去了宾夕法

---

[1] 坦慕尼协会，又称"哥伦比亚团"，最初是全国性的爱国慈善团体，后来变成纽约当地的政治机构。其在19世纪曾被卷入操控选举丑闻，备受争议。该组织在20世纪60年代中期就已经不复存在。前文脚注中提到的"特威德老大"曾经是坦慕尼协会的领袖（1858—1871），因政治腐败而被判刑。——译者

尼亚大学，想让科普被开除教职，使他彻底破产。但校方拒绝了，于是马什加倍努力地挖掘校长的污点。显然，校长被卷入了一场肮脏的勒索，马什威胁说如果他不服从，就在媒体上揭露他。

虽然马什诡计多端，但巴鲁的报道还是在1890年1月12日刊出。一位历史学家恰如其分地将其总结为"对诽谤法的蔑视"，甚至缺乏"高雅的克制"。文章中提到的每个人都谴责了这篇报道——尽管没有撤回对马什的评价。（相反，他们反对的是巴鲁卑劣的报道手段。）巴鲁并不在乎。无耻的是，他收集了消息来源的反应，将其写成另一篇热点新闻。"皮毛在飞舞，"他在后续报道中指出，"这是场非常精彩的战斗。"如果你能做到，那就太好了。

马什的反驳出现在一周后——冷酷、严谨、恶毒。他坚持认为，他的揭露会让科普很痛苦，但对手让他别无选择。马什声称，科普的指控是陈旧而令人厌倦的，而且充满谎言："如果我提供我在这个问题上（科普的背信弃义）的所有证据，确实，《星期日先驱报》（*Sunday Herald*）及其所有增刊连证据的一半都写不下。"（这里的仿圣经语言可能也是在嘲讽科普的贵格会教徒式的演讲。）马什被指控剽窃了一位俄罗斯科学家关于马的进化的研究成果，他对此做出了最恶毒的嘲讽："科瓦列夫斯基（Kowalevsky）最后被悔恨击倒，以炸毁自己大脑的方式结束了他不幸的职业生涯，而科普仍然不思悔改地活着。"马什最后一次提醒全世界，科普在20年前就把蛇颈龙的颅骨安在它的尾巴上。

最终，这些文章让两人都很尴尬。科普没有消灭敌人，而只是制造了更多敌人，因为现在没有人相信他。马什的回复小气而骄纵，他很快失去了地质调查古生物学家的职位。从更广泛的角度来看，这一丑闻也削弱了他们之间竞争的怒火。马什当时接近

60岁，感觉自己已经老了。年近50岁的科普情况甚至更糟。他的妻子因为他的经济困境离开了他，他独自睡在家里的一张小床上，只有一只宠物龟和他噩梦般的化石为伴。后来他得了肾病，不顾一切地开始给自己注射吗啡、福尔马林（一种固定尸体的药剂）和颠茄（又名"致命茄属植物"）。这些民间疗法没有任何效果。他在1897年死于肾衰竭。一位历史学家指出，"他死于无法将毒药从体内排出"。

科普毫不谦虚地把自己的大脑和颅骨留给了一位同事，该同事研究的是天才神经学基础。据说这份礼物也是在向马什宣战：刺激他把遗体留给科学，以便一劳永逸地确定谁的大脑更大。无论这是不是真的，马什没有上当。他于1899年去世，被埋葬在康涅狄格州。他舅舅的遗产只剩下186美元，他把每一块钱都投入心爱的化石中。

在《先驱报》的一篇文章中，一位地质学家对科普的评价同样适用于马什："他看到的永远像幽灵一样缠绕着自己的敌人实际上就是他自己，如果他能意识到这一点就好了。"

但由于他们做的坏事，很难高估马什和科普对博物学的影响。在19世纪60年代初，全世界的科学家只知道大约十几个恐龙属。马什发现了19个属86个种。科普又增加了26个属56个种[1]，并写了令人难以置信的1 200篇论文。（这应该在科学家中创了纪录，他的出版物收藏清单就列了145页。）虽然马什在物种数量上获胜，但科普对恐龙生物学的观点却战胜了对手。马什总是

1　的确，科普和马什的恐龙物种有些在今天未被认可，特别是其原来的名字未被认可。也许比起其他科学，古生物学需要不断地对证据进行归类、拆分和重新分类，而且新物种总是在不断出现和消失。例如在科普的26个属中，只有3个保留至今。但无论怎么削减，科普和马什的分类学记录都是令人震惊的。

把恐龙看作类似于自己的爬行动物——缓慢而蹒跚，这种观点盛行了一个世纪。如今，更接近事实的是科普的观点：恐龙像他一样快速而灵活。

更重要的是，科普和马什让我们对地球生命的理解发生了哥白尼式的转变。多亏了他们，人类第一次知道了恐龙曾经多么彻底地统治了我们的星球，以及统治了多长时间——大约1.8亿年，比智人迄今为止的时间长600倍。三角龙和霸王龙这样的晚期恐龙距离我们的时间实际上比它们距离剑龙等早期恐龙的时间更近——剑龙在 1.5亿年前就灭绝了。这种观点也让人明白一个事实，如果不是因为一点运气和一颗大的小行星，像我们这样的哺乳动物可能仍然是个不起眼的小毛球类群，在地下钻来钻去。

公众也从这场竞争中受益。马什积累了这么多箱化石，以至于他的继任者在他死后60年还在拆封它们。他和科普的收藏填满了美国大部分地区的博物馆。在化石战争之前，除了少数学者，没有人听说过恐龙。科普和马什让恐龙出了名，它成为每个中小学生想在博物馆看到的第一件东西。他们能做到这一点，不仅仅是通过发掘古老的骨头，还通过将它们展示出来，用著作激发人们的想象力。请看科普关于恐龙近亲翼手龙的这段话："这些奇怪的生物在海浪上拍打着它们坚韧的翅膀，常常猛地一跃，抓住许多毫无防备的鱼；或者在安全距离上翱翔，观看更强大的海洋蜥蜴的运动和搏斗。夜幕降临的时候，可以想象它们成群结队地来到岸边，用长着爪子的翼肢把自己吊在悬崖上。"科普几乎可以**看到**这些野兽，在他的梦中，也在其他地方，他像个真正的幻想家一样，把他看到的东西传递给世界上的其他人。

最后，化石战争的某些方面带来了非法的快感——欺诈和破坏，背叛和密码。因为没有人真正受到伤害，也因为科学在整体上受益匪浅，我们今天可以笑着谈论马什和科普的罪恶。接下来的几个故事就不一样了，它们把我们带到了20世纪。这些故事的受害者不是脾气暴躁的学者，而是那些信任他们的病人——一直在寻求帮助的人，而那些曾发誓"不可伤人"的医生背叛了他们。

第七章

违誓

道德不可能

禁烟令。有机耕作。不含色素和防腐剂的食品。这些健康措施有什么共同点？它们的倡导者都是纳粹医生。当然，这不是我们通常认为的第三帝国（Third Reich）时期的医学，但对"纯洁"的迷恋激发了万能药物的产生，也激发了许多使纳粹医生声名狼藉的野蛮实验。

纳粹迷恋纯洁，他们担心香烟、加工食品和杀虫剂会污染德国公民的身体。邪恶的党卫军甚至将矿泉水瓶装出售。然后，纳粹将这种纯洁的概念从个人身体延伸到政治身体，并越来越痴迷于清除社会上的所谓"毒物"，尤其是犹太人。[副元首鲁道夫·赫斯（Rudolph Hess）曾经说过："国家社会主义不过是应用生物学。"]因此纳粹医生推论，在非雅利安人身上进行医学实验不仅应该被允许，而且是一种道德责任：这种"人类材料"的死亡将消除社会中的污染物，从中获得的见解将促进人民的健康和福祉。

第三帝国统治下的可怕实验包括：用有毒的子弹射杀人们；在没有麻醉的情况下移植肢体；将锯末和玻璃擦拭开放性伤口以研究伤口愈合；将腐蚀性化学品喷入人们的眼睛以改变其颜色。至少有15 000人死于此类实验（与第三章相反，纳粹的解剖学家从不缺尸体），还有400 000人最终残疾、留疤或者不育。根据纳粹法律，其中许多实验在**动物**身上是非法的。但不同于猴子、狗和马，犹太人和政治犯不受法律保护。

令人难以置信的是，其中许多医生都宣读过希波克拉底誓词（Hippocratic oath），即"不可伤人"或类似的表述——与今天医学院学生的誓词相同。这是历史上最古老的医学伦理声明之一，可以追溯到古希腊医生希波克拉底，而且它似乎完全排除了上面提到的各种暴行。那么，纳粹医生是否觉得他们违背了这一誓词？完全没有。希波克拉底誓词关注的是医生的行为，基本上没有提到对病人来说最有利的是什么，它只是相信医生会照顾好病人。这在正常的伦理环境中是很好的。但在20世纪30年代的德国，忽视个人权利而促进种族"权利"的粗暴功利占据了上风。医生和其他人一样相信这种精神。一位历史学家指出，医生"比其他任何专业团体都更早、更多地加入了纳粹党"。作为医者，他们非常喜欢纳粹关于"治疗"社会弊病和消除"癌性"犹太人、吉卜赛人和同性恋者的言论。换句话说，医生只是把希波克拉底誓词的含义从"不可伤害病人"转换成"不可伤害社会"，并据此行事。其中一人直言不讳："我的希波克拉底誓词让我切掉人体中坏死的阑尾。犹太人是人类的坏死阑尾，这就是为什么我要把他们切掉。"

有近一半的德国医生加入了纳粹党，他们的工作至今仍使医学蒙着一层阴影。除了被中断的生命，还有一些疾病和综合征仍然以非法获得知识的纳粹医生的名字命名。更为紧迫的是，对于如何处理从不情愿的囚犯身上获得的实验数据，科学家之间仍然存在争议——这些数据无疑是有污点的，但在今天却可以拯救生命。

需要明确的是，纳粹的大多数医学研究都应该被埋葬和遗忘。比如说，约瑟夫·门格勒（Josef Mengele）曾经将同卵双胞胎缝在一起，这没有任何医学价值。甚至把这种研究称为"医学"都显得骇人听闻。[1]

不过，有些案例没有这么简单。在一系列实验中，纳粹医生强迫囚犯日复一日地吞咽海水，看他们能活多久。而在相关的

---

[1] 关于纳粹的阴险，有个可怕的例子，涉及一张特殊的桌子，其椅子下面装有X射线管。来自"不良"阶层的妇女会坐在桌子前，填写一些无关痛痒的表格。在这期间，她们被秘密地用X射线轰击。这是个使她们不育的秘密计划。

研究中，他们把人按在冰水桶里，同时在其直肠里插上温度计，研究失温。还有一项研究，他们把人锁在低气压室内，以确定极端海拔（70 000英尺）的影响。党卫军首领海因里希·希姆莱（Heinrich Himmler）要求亲自进行其中的一些实验。这毫无疑问是野蛮行为。在海水研究中，受试者非常口渴，以至于舔舐地后的地板，寻找水分。在低压研究中，人们撕掉自己的头发，试图缓解头骨内的压力不平衡，但这是徒劳的。在冰浴中，人们痛苦地抽泣，因为他们的四肢一寸一寸地被冻住，有几个人乞求被枪毙，无法再多忍受一分钟。

但医生们做这些实验总有合乎逻辑而冷酷无情理由。飞机上的飞行员经常暴露在低压中；水手经常流落到没有淡水的荒岛；士兵在冬天经常被冻伤。医生们想知道他们在生理上经历了什么，特别是如何拯救他们。例如，在冰浴研究中，当人体核心温度下降到80华氏度以下时，医生就立即尝试让受试者恢复过来。方法

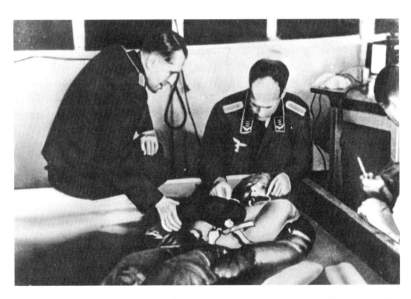

在一系列研究失温的野蛮实验中，纳粹医生将一名囚犯按在冰水里（美国国家档案和记录管理局提供）

有很多种，包括强烈的太阳灯、滚烫的饮料、加热的睡袋以及酒。他们甚至把一些不省人事的人从冰浴中拉出来，扔到妓女的床上，妓女试图用老式的方法让他们的血液流动起来。

问题就此出现。显然，自20世纪40年代以来，没有医生做过类似的实验。例如，20世纪90年代，一位研究失温的医生认为，他的道德观不允许他将人体的核心温度降低到93华氏度以下，低于这个温度的一切都靠猜测。因此，在某些情况下，纳粹的数据是我们拥有的关于在极端情况下使人复苏的唯一数据。这就是问题所在，因为纳粹的数据有时与普遍的医学知识相矛盾。对于失温，过去普遍的观点认为，应该用人体自身的体温慢慢地给他们取暖，用毯子或其他东西把他们包起来。医生认为，缓和的方法有助于避免休克和内出血。但纳粹医生发现，这种被动取暖并不奏效。[1] 在热水中快速、主动地取暖，可以挽救更多生命。

那么，由于数据的不道德，现代医生应该忽视这一发现吗？想象一下，你所爱的人，比如你的孩子，掉进河边的冰里。你把她拉起来，但她几乎没有呼吸，嘴唇发青，体温已经下降到93华氏度以下。你会选择哪种恢复方法？是基于猜测的、符合道德的理论方法，还是基于真实数据的、有污点的纳粹方法？

你可以在其他情况下提出类似的论点。事实上，一些医生坚持认为，用过去的数据拯救今天的生命是使受害者的牺牲有意义的最佳方式。虽然一些观察家质疑纳粹数据的质量（例如，它未经过同行评议），但在许多情况下，德国研究人员是国际公认的

---

1 事实上，在测试的所有复温方法中，用毯子覆盖身体并依靠自身的体温是最无效的。有16个强光灯泡的轻型摇篮勉强好一些。大力揉搓四肢确实有帮助，但必须与热水浴相结合。事实证明，酒对于防止热量流失是一种糟糕的方法。它使血液涌向四肢，确实产生了暂时的温暖感，但长远来看，它实际上降低了身体保持热量的能力。也就是说，当人们洗澡时，酒确实有助于恢复体温，因为它将血液推向四肢的趋势有助于减轻心脏的负担。因此，如果你在野外发现有人失温，一定要先找医生。但在没有医生的情况下，让他进入热水池并给他一点酒。

顺便说一下，大多数人没有意识到纳粹差点就掩盖了这些暴行。事实上，如果不是犹太医生利奥·亚历山大（Leo Alexander）的不懈努力，他们可能已经逃脱了。关于亚历山大医生令人难以置信的工作，请参阅samkean.com/podcast第5集。

专家，他们知道自己在做什么，并严谨地设置实验。例如，不能喝海水是众所周知的常识。因此，德国科学家担心强迫囚犯喝海水会导致压力等心身反应，这将混淆他们的结果。为此，研究人员掩盖了海水的味道，使其看起来不那么咸。这样，研究人员就能够分离出海水的生理影响。这是欺骗的，也是恶毒的，但在科学实验上是合理的。

当然，反对使用纳粹数据也有强力的论据，包括实际方面和道德方面。在冰水研究中，囚犯往往是病态的、憔悴的，所以对他们而言失败的复温方法可能对健康人有效。使用这些数据也可能暗中为暴行开脱。反对者认为不应该允许使用不正当获得的医疗数据，就像刑事法庭不应该允许使用腐败警察夺取的证据。

值得一提的是，美国医学会（American Medical Association）等团体表示，使用这些数据在某些情况下可能是合乎道德的——前提是没有其他方法可以获得这些信息，而且任何引用纳粹研究的人都要清楚地知道暴行的发生。强调这些暴行甚至可以提醒我们，我们与这些野蛮行为的距离并不像我们想象的那么遥远。

最终，在"二战"后的纽伦堡医生审判（Nuremberg Doctors Trial）中，16名纳粹医生被判战争罪，其中7人被绞死。在审判期间，美国的医生和律师制定了十条关于人体研究的伦理准则，即现在的《纽伦堡法典》（Nuremberg Code）。不同于希波克拉底誓词，《纽伦堡法典》强调受试者的权利。受试者必须在知情的情况下同意参与，而医生需要采取措施尽量减少痛苦，并提醒他们可能出现的副作用和危险。此外，该法典规定，除非有真正的医学需要，且有充分的理由认为实验会成功，否则医生不能用人类做实验。

在某些方面，《纽伦堡法典》是医学史上的一次结构性转变。它使伦理学成为医学不可磨灭的一部分。77年后，它仍然统治着全球的人体研究。但另一方面，该法典在同盟军国家几乎没有影响。这些国家的医生当然不反对它，但他们似乎认为这无关紧要。他们觉得只有道德败坏的人才会滥用职权，而文明国家的医生不需要这样的法典。

但愿如此。在关注道德败坏者的过程中，美国医生落入了典型的心理陷阱：为自己同事的不良行为开脱，仅仅是因为他们的行为没有堕落到最坏的程度。**我们没有纳粹那么坏，所以我们一定是好人。**事实上，就在纽伦堡医生审判的那几个月里，美国的流氓医生也在进行一些可怕的实验。塔斯基吉和危地马拉的研究不像最坏的纳粹研究那样具有虐待性，但它们也证明，所谓的文明国家也同样需要《纽伦堡法典》。

1932年，美国公共卫生局（Public Health Service）的几名白人医生来到阿拉巴马州的塔斯基吉，研究400名黑人的晚期梅毒。大多数人认为梅毒是一种生殖器疾病，但如果不加以治疗，导致梅毒的螺旋开瓶器状细菌几乎可以侵入身体的每个组织，包括心脏和大脑。公共卫生局的医生希望研究这种入侵的长期影响。

公共卫生局选择塔斯基吉有几个原因。第一，周围的县有惊人的感染率，在某些地区高达40%。第二，该地区的人口大多是黑人，早期研究表明，梅毒对黑人和白人的影响不同，例如，黑人似乎更容易患与梅毒有关的心脏病，但神经系统的并发症较少。公共卫生局的性病学家想确定这些发现是否属实。第三，作为服务型政府——许多人牺牲了有利可图的私人诊所的职业来从事公共卫生工作——公共卫生局真诚地想帮助这个受难的社区。没错，社区里的许多黑人欢迎他们的到来。这是大萧条的最低点，塔斯基吉的情况很糟糕。一场象鼻虫害毁掉了一年的棉花收成，县政府最近关闭了所有公立学校。当地没有用于卫生保健的钱，公共卫生局的医生带来的免费体检、X射线和血检对他们来说是天赐良机。

的确，一些塔斯基吉人不相信这些医生。"白人和我们一样都有病。"一位病人记得自己曾这样想。那么，为什么公共卫生局不在白人社区做平行研究呢？然而，大多数当地领导人支持这项研究。著名的塔斯基吉研究所（Tuskegee Institute）帮助做了医学测试，镇上的一位曾积极参与民权运动的黑人医生说："这项研究的结果将被全世界需要。"

研究从1932年开始，全部400人都进行了体检和血检。然后，医生每隔几年就会回来做跟踪调查。有时，随访需要把他们从自己的农场载到诊所。有时，医生会在户外检查，将这些人拉到田地旁边的树荫下抽血。然后，医生将这400人和200名未受感染的对照组进行比较，以研究梅毒对他们健康的影响。

值得注意的一点是，在公共卫生局到来之前，研究中的人已经患有梅毒。如今许多人认为这些人之前是健康的，医生通过注射把梅毒**带给**他们。其实并不是这样的，但医生所做的事情几乎同样可怕：对他们的梅毒不加以治疗，有时长达几十年。

让梅毒得不到实际治疗，这在1932年是情有可原的。当时的标准治疗方法涉及掺有砷和汞的药物。（俗话说，梅毒是"一夜偷欢，终生服毒"。）重金属中毒是真实的担忧。此外，杀死休眠的梅毒往往会导致它们暴发，并使体内的毒素泛滥（所谓的"吉海反应"）。有时，让沉睡的梅毒躺在那里会更好。

然而，20世纪40年代青霉素的出现改变了一切——或者说至少本应改变。青霉素的毒性远远低于早期的治疗方法，可以在短短8天内治愈梅毒（砷和汞的疗法需要18个月）。但是，即便在20世纪50年代青霉素被广泛使用之后，公共卫生局的医生也拒绝

在阿拉巴马州臭名昭著的塔斯基吉梅毒研究中，美国公共卫生局的一名
医生从病人手臂上抽血（美国国家档案和记录管理局提供）

用它治疗塔斯基吉的病人。为什么？因为他们已经开始研究梅毒
的长期影响，治愈这些人将使他们的研究陷入困境，所以他们任
由病菌溃烂。一位历史学家写道，这项研究给人"不祥与病态的
感觉，公共卫生局年复一年地看着这些人死去"。

　　当然，公共卫生局的医生并不这么看。他们认为自己的研
究是有益的。是的，他们承认，塔斯基吉的个体可能会受到伤
害，但公众会从获得的知识中受益。他们把痛苦描述为崇高的牺
牲——尽管他们没有解释为什么黑人应该做出这种牺牲。同时，
公共卫生局的其他医生非常关注梅毒的生物学奥秘，以至于他们
忽略了这些人也是人类的事实。一位塔斯基吉受试者说，这些人
对医生来说不过是"小白鼠"。一个医生甚至试图压制关于青霉
素的论文，因为他不喜欢这种药物消灭梅毒的超快速度，导致他
没有机会观察该疾病的整个过程。（他曾说："我眼中的天堂是有
无限的梅毒和无限的治疗设施。"）他痴迷于解决梅毒的"谜团"，
从而看不见这样一个事实：虽然医学研究可以探索一些迷人的奥
秘，但医学的意义并不在于满足知识分子的好奇心，而在于治病

救人。

　　另外，为了使研究更顺利地进行，公共卫生局的医生多次欺骗这些人。有一些省略事实的谎言：为了防止他们在其他地方得到治疗，医生从来没有对大多数人说过他们患有梅毒。（最多只是暗示"脏血"。）还有一些歪曲事实的谎言[1]。有些人知道自己患有梅毒，所以医生用电话营销式的手法把他们骗到诊所：他们在信中说，快过来，否则你将错过"最后一次获得免费治疗的机会"。但其实他们并不提供治疗，而是假装做检查，或者对他们进行痛苦的脊椎穿刺，并谎称在注射药物。

　　除了谎言和冷漠，这项研究在科学上也是失败的——这本身就是个道德问题。在阿拉巴马州的高温下采集的血液经常变质，检测梅毒的方法也很不一致，医生甚至不能确定部分人是否患有梅毒。此外，数据分析也是不可原谅地粗制滥造。一些对照组在参与研究几年后感染了梅毒，同样，也有患梅毒的人被治愈了——要么接受了外面医生的治疗，要么为了治疗不相关的疾病而服用了青霉素。但是，公共卫生局的医生并没有将这些病例从研究中剔除，而是简单地把这些人在梅毒组和对照组之间调换——这是大忌。总之，这种科学上的马虎使研究结果变得毫无用处，失去了本应有的可信度。

　　而鉴于塔斯基吉的所有苦难，纠缠于数据分析似乎变得很愚蠢。但许多生物伦理学家认为，在医学领域，马虎的科学必然是不道德的科学。设计一个糟糕的物理实验，和炸掉一些真空泵或其他东西都是一回事。没有人真正受到伤害。但是如果医学研究需要让人类忍受痛苦，那么就有责任恰当地设计实验。否则，数据是无用的，痛苦也是徒劳的。《纽伦堡法典》的部分内容强调

1　原文是 lies of commission，指故意歪曲事实的谎言。与之相对的是 lies of omission，指故意省略事实的谎言。以本书为例，医生谎称治愈了梅毒是歪曲事实的谎言（lies of commission），医生隐瞒受试者的梅毒是省略事实的谎言（lies of omission），后者在法律意义上程度较轻。——译者

实验设计，正是出于这个原因。

　　所有这一切都说明，塔斯基吉研究在很多层面上是不道德的。受害者也不仅仅包括未经治疗的人。大多数情况下，晚期梅毒不会传染，但医疗记录表明至少有些人是会传染的。医生不告诉这些人他们患有梅毒，或更糟糕的是，谎称已经治愈了梅毒。这大大增加了这些人将疾病传播给他们的妻子或其他性伴侣的风险。一些与该研究有关的黑人科学家也受到了严重影响。以尤妮丝·里弗斯（Eunice Rivers）为例。

　　大约1900年，里弗斯出生在佐治亚州东南部，对种族仇恨并不陌生。在她小时候，她家乡的一个黑人男子出于自卫杀死了一名白人警察，然后逃跑了——据说得到了里弗斯父亲的帮助。白人义警骑着骡子来到里弗斯家，向他们的窗户开枪，一枚子弹差点杀死了她。1918年，她终于进入塔斯基吉学院学习，从而逃离了小镇。起初她想学习编篮子（学校有很强的手工艺课程），但她的父亲强烈建议她改学科学。她最终成为一名有公共卫生信仰

护士尤妮丝·里弗斯在塔斯基吉梅毒研究期间担任黑人社区的关键联络人，后来因为她在其中的作用而受到谴责（美国国家档案和记录管理局提供）

的护士和助产士，挨家挨户给孕妇提供卫生建议，如在床上铺干净的布和报纸，确保卫生分娩。

无论这项工作多么有意义，里弗斯还是渴望逃离阿拉巴马州的吉姆·克劳法[1]，1932年，她收到了在纽约一家医院当值班经理的工作邀请，决定接受。然后她听说了梅毒研究的情况，白人医生需要一个在黑人社区的联络人，公共卫生局给她提供了一份科学助理的工作。参与真正的研究，她对这个机会很感兴趣。她非常渴望在社区有所作为，所以拒绝了纽约的邀请。

里弗斯在这项研究中几乎扮演了所有可能的角色。研究启动时，她帮助招募男性，在教堂和学校与他们交谈。她通过跟踪他们来使他们保持参与，她用自己的双门雪佛兰轿车载着他们去检查，座椅还隆隆作响。（她对他们在车上讲的下流故事哈哈大笑，他们则在她的车陷入泥坑时帮她推车。）她甚至不惜耽误自己的时间给他们送去一篮又一篮食物和衣服，以表示自己对他们的关心。总的来说，她是研究中真正不可缺少的人。1958年，美国政府奖励她一枚奖章，她非常自豪。1953年，在一篇概述所使用的研究方法的科学论文中，她是第一作者。这对当时的黑人女性来说是罕见的成就。

尽管如此，里弗斯也为这项研究做了一些可疑的事情。装着衣服和食物的篮子当然有助于男性的生活，但这也是一种隐性的贿赂，以保持他们的参与。更糟糕的是，一位当地医生记得她不鼓励——甚至阻止——她所照顾的男性在其他地方接受梅毒治

---

1 吉姆·克劳法，指1876年至1965年间美国南部各州对有色人种实施种族隔离的一系列法律。比如该法律规定，公共汽车内的白人和黑人需要分开座位。后文提到的罗莎·帕克斯，正是因为违反这一法律，拒绝将座位让给白人乘客，因此被警方逮捕，从而开启了美国的现代民权运动。——译者

疗[1]，只是为了维护研究的完整性。所以在某种程度上，她和进行实验的医生是同谋。

尽管有里弗斯，但还是有少量人试图关闭这项研究。1955年，一位白人医生给公共卫生局写了一封信，认为"（这项研究）不符合任何公认的道德标准：非基督教的（希波克拉底誓词）、宗教的（迈蒙尼德，黄金法则）或职业的（美国医学会伦理准则）"。公共卫生局的官员没有理会他。1969年，一群黑人医生向《纽约时报》和《华盛顿邮报》提交社论，谴责这项研究，但两家报纸的编辑都耸了耸肩——这似乎没有新闻价值。科学家们也不在意。公共卫生局的医生在40年间发表了13篇关于这项研究的论文，而且并没有试图掩饰自己的工作。例如，里弗斯在论文第一行就提到了"未治疗的梅毒"。事实上，这可能是塔斯基吉研究最可耻的地方：一切都在公众面前，却没有一个当权者在乎这个问题。

鉴于没有任何东西被隐瞒，说这项研究在1972年被"曝光"并不十分准确。但那一年，一直谴责这项研究的揭发者之一，一位自由主义共和党人和全国步枪协会成员，最终说服了美联社的记者去调查这项研究。她的报道在几个月后出炉，引爆了舆论。数百家报纸和电视台报道了这一消息，美国参议院将公共卫生局的官员拉到听证会上拷问他们。活动家非常气愤地悬吊了疾病控

---

1 公平地说，有传闻表明里弗斯确实保护了至少一名参加研究的男子，她的亲密朋友。她声称他已经失去了随访的机会，而事实上，他的家离县卫生中心只有四个街区。他还在1944年接受了全剂量的青霉素来治疗梅毒，时间相当早。此外，里弗斯这样的人并不少。到1969年，美国政府正在考虑关闭塔斯基吉研究。但梅肯县医学会——几乎完全由黑人医生组成——投票决定继续。事实上，医生们承诺，如果他们得到一份病人名单，他们将不对这些人使用抗生素，而是把他们转给里弗斯护士。

考虑到这个话题非常敏感，我再次声明，我并非——并非——试图将塔斯基吉的责任推给里弗斯（或梅里县的医生）。设计这项研究的公共卫生局的所有人都应该感到羞耻。但里弗斯确实参与了研究，并且以自己的方式负有责任。我提到她的案例，只是因为她的生活呈现出最引人注目的困境，即她被夹在两个世界之间：她所生活的黑人社区和掌控她职业命运的白人科学界。

制中心[1]（Center for Disease Control，该中心已经从公共卫生局手中接管了这项研究）主任的雕像。

塔斯基吉的大部分责任理所当然地落在那些发起研究并拒绝治疗这些人的白人医生身上。但是尤妮丝·里弗斯也受到了攻击。当第一篇充满敌意的报道出现时，她崩溃地哭了起来。媒体监督愈演愈烈，以至于她因为压力过大而住院。一位历史学家说，许多人认为她是"中产阶级的种族叛徒"，或是愚昧的傻瓜，"她从来没有真正明白，她选择白人医生而不是黑人男性，是道德上的自我毁灭"。关于"选择白人医生"这一点很有启发性。里弗斯并不想伤害这些男人，许多人把她当成第二个母亲，她的关怀包裹帮他们度过了一些绝望的时刻。但是作为阿拉巴马州乡村的一名黑人女性，她的整个科学生涯都取决于研究的继续以及她与公共卫生局医生的联系。如果她对他们的伦理提出怀疑，他们肯定会赶她走。

生物伦理学的案例经常具备传奇剧的形式。纳粹的医学研究就是完美的例子：卑鄙的恶棍和无辜的受害者让我们感觉到强烈的、不掺杂其他感情的愤怒。公共卫生局的医生并不是纳粹恶魔，但他们确实有堕落到罪恶的一面。里弗斯的情况更艰难。她被困在她的社区和她的抱负之间，她和她的家人一直在为她所做的事情挣扎，直到她死的那天，甚至更久。尽管她在1952年结婚，正式的名字是"尤妮丝·维尔德尔·里弗斯·劳里"（Eunice Verdell Rivers Laurie），但在整个研究过程中，她一直被称为"里弗斯护士"。然而，当里弗斯于1986年去世时，她的丈夫有效地掩盖了她的身份，在她的墓碑上只写了"Eunice V. Laurie"（尤妮

---

1 疾病控制中心的前身"传染病中心"（Communicable Disease Center）成立于1946年，旨在防控全球范围内的疟疾。1957年，公共卫生局的性病部门被转交给传染病中心。1970年，它改名为"疾病控制中心"（Center for Disease Control）。1992年，其再次更名为现在的"疾病控制与预防中心"（Centers for Disease Control and Prevention），但缩写都是CDC。——译者

丝·V.劳里）。

半个世纪前，塔斯基吉这个名字让黑人感到自豪。罗莎·帕克斯（Rosa Parks）就出生在那里。布克·T.华盛顿（Booker T. Washington）在这里建立了塔斯基吉研究所，乔治·华盛顿·卡弗（George Washington Carver）在该研究所做了他最好的研究。塔斯基吉的飞行员里有第二次世界大战中最勇敢的士兵。然后，公共卫生局席卷而来，玷污了这座城市的名字。虽然没有证据表明公共卫生局的医生使任何人感染了梅毒，但许多美国黑人至今相信这一点。（甚至转移到了其他疾病上：20世纪90年代的一项调查发现，超过三分之一的黑人认为是美国政府在实验室里制造了艾滋病病毒，以便对黑人社区进行种族灭绝。）可悲但又可以理解的是，塔斯基吉研究继续损坏着公共健康。研究发现，黑人社区的许多人宁愿忽视糖尿病、心脏病等疾病的警告信号，而不愿意服从医生，直到为时已晚。

但问题是，"公共卫生局的医生故意让人们感染传染病"的想法并没有听起来那么牵强。事实上，塔斯基吉医生中的一个——约翰·卡特勒（John Cutler）——就做过这种事情。只是不在阿拉巴马州，而是在更远的南方，危地马拉。

在进入危地马拉之前，调查约翰·卡特勒的一个同时代的人可能会有帮助。这位医生是公共卫生的斗士。在他的职业生涯中，他曾前往海地和印度，为改善这两个国家的妇女获得医疗保健的状况而不懈努力。他为发展中国家的妇科医生和产科医生安排奖学金，让他们在美国接受培训，这样就可以回国拯救妇女的生命。他还谴责了20世纪80年代围绕艾滋病的道德恐慌，并拒绝因受害者是同性恋而将其妖魔化。我们将在后文介绍这位医生，他是危地马拉的约翰·卡特勒的道德对应者，值得被铭记。

20世纪40年代初，卡特勒从克利夫兰的医学院毕业，加入了公共卫生局，开始研究一个出奇紧迫的问题：军队中的性病。性病在军队中一直很猖獗（"短臂检查"是服役体检的常规项目），但"二战"期间的损失预计是惊人的。医生估计，美国军队每年会因为性病而浪费700万个工作日，这一劳动损失相当于在国内拥有10艘完整的航空母舰。当时确实存在一些化学预防药物，但必须注入男性的尿道内，这非常不舒服。许多美国士兵拒绝治疗，听天由命。

约翰·卡特勒医生，他在20世纪40年代代表美国公共卫生局在危地马拉进行了一场恶名昭彰的性传播疾病实验（美国国家医学图书馆提供）

然而，到了1943年，军医开发了两种新预防措施——一种是吞服的药片，一种是涂在器官外的软膏。卡特勒设计了一个实验来测试它们的有效性。实验让印第安纳州特雷霍特监狱的241名无病囚犯接触淋病，并观察药片或药膏能否防止感染。卡特勒选择特雷霍特的原因是，作为煤矿密布的大城市，周围有许多妓女，她们身上有新鲜的淋病疮口可以获取脓液。

不同于塔斯基吉，囚犯们被充分告知会发生什么。他们都签署了弃权声明书，其中用通俗的语言说明了风险，并且承诺在预防措施失败后对他们进行治疗。至于囚犯们为什么同意感染淋病，因为他们每人得到了100美元的报酬（相当于今天的1 500美元），而且医生最后会给他们的假释委员会写表扬信。另外，他们的男子气概本就岌岌可危。与外面的同龄人不同，他们不能参军，不能直接与德国或日本作战。但卡特勒狡猾地指出，他们仍然可以通过加入他的研究和保持部队的状态来为国家效力。今天道德准则禁止在医学研究中使用囚犯，因为他们非常脆弱：他们被藏起来，容易受到虐待，而且在他们面前晃动着提前释放的机会有效地胁迫了他们，损害了自由同意的能力。然而在当时，利用囚犯是司空见惯的、没有争议的。它甚至有一些科学上的优势：这些人都生活在相同的环境中，消除了差异，而且很容易追踪。总之，按照20世纪40年代的标准，卡特勒设计了符合伦理的研究。

如果科学上的进展也如此顺利就好了。卡特勒的研究计划包括两个步骤。首先，他在没有预防措施的情况下，把新鲜的淋病脓液涂抹在几个男人的器官上，并记录以这种方式感染该疾病的百分比，以建立基线感染率。在第二阶段，他把脓液涂抹在预先用药物治疗过的男人身上，并测量这一组感染淋病的百分比。如果第二组中的百分比明显低于基线的百分比，那么预防药物就起作用了。

不幸的是，卡特勒的第一步就没有完成。他花了几个月时间在器官上涂抹淋病脓液（看到这个，你还觉得自己的工作很糟糕吗？），但没有人感染淋病。如果不能确定基线感染率，这项研究就注定要失败。1944年年中，经过10个月徒劳无益的工作后，美国公共卫生局突然中断了这项研究，卡特勒感到非常沮丧。

然而，鉴于军队中性病的盛行，卡特勒得到了第二次机会。

1946年，他被调到斯塔滕岛的公共卫生局办公室，遇到了胡安·富内斯（Juan Funes）医生。富内斯在公共卫生局获得了奖金，他通常为危地马拉政府的公共卫生办公室工作。两个人开始交谈，富内斯听说特雷霍特研究作废，于是恳求卡特勒访问危地马拉，在那里继续进行囚犯的研究。富内斯这样做只有一个原因——钱。危地马拉最近摆脱了联合果品公司的枷锁，该公司几十年来一直将危地马拉作为私有殖民地来管理，是个名副其实的香蕉共和国。[1]这个年轻的国家正在挣扎着站起来，就像在塔斯基吉一样，用于公共卫生的资金很紧张。吸引卡特勒到危地马拉，将带来培训员工的美国医生，以及购买设备的美元。

卡特勒也喜欢这个提议。特雷霍特研究中的一个重大缺陷是人为的接触方法——不得不在器官上涂抹脓液。淋病是性传播疾病，他推测性行为的某些方面可能会使病菌更容易传播。幸运的是，卖淫在危地马拉是合法的，甚至对囚犯也是如此。卖淫的女性只需要在公共诊所进行检查，而恰好富内斯就在经营这些诊所。他告诉卡特勒，他可以对卖淫者进行性病筛查，并将她们送到监狱里进行研究。然后，卡特勒可以像在特雷霍特一样进行相同的基本研究，只是接触方法更加自然，即性接触。

尽管与特雷霍特有相似之处，但危地马拉的研究在几个关键方面有所不同。首先，当时青霉素已经问世，因此有必要改变方案。卡特勒把青霉素、蜂蜡和花生油调成糊状，涂抹在男人的器官上，用以取代原来的预防软膏。富内斯和卡特勒还决定扩大研究对象的范围，不仅有囚犯，还包括危地马拉军队中的士兵和精神病患者。类似地，他们还决定不仅仅关注淋病，还关注梅毒和软下疳。

1　香蕉共和国是对某种政治及经济体的贬称，特别指那些有广泛贪污和强大外国势力（常指美国）介入和间接支配的傀儡国家。其本义就是由美国联合果品公司（United Fruit Company）和标准果品公司（Standard Fruit Company）掌握经济命脉的中美洲国家，如洪都拉斯和危地马拉。——译者

但两项研究的最大区别把研究推向了邪恶科学的领域——医生决定不告诉士兵、囚犯和精神病患者他们将会感染性病。相反，他们秘密地进行。一位公共卫生局医生坚持认为，试图解释这项研究背后的科学，只会"迷惑"那些可怜的受试者，尤其是占囚犯大多数的土著印第安人。事实上，就像塔斯基吉研究一样，卡特勒和他的同伴不仅隐瞒了真相，还主动向病人撒谎，声称要"治疗"各种疾病，以此获得他们的配合。两者形成了鲜明对比，当感染美国公民时，卡特勒觉得有责任确保他们的同意，但危地马拉人没有得到同样的尊重。

1947年2月，实验在危地马拉市开始。按计划，富内斯将受感染的妓女介绍给卡特勒，然后卡特勒装模作样地将她们与监狱中的嫖客配对。令他们高兴的是，卡特勒甚至让他们在交媾前喝酒。毋庸置疑，让研究对象喝酒在今天是行不通的。但卡特勒认为，这使性行为更加"自然"，因为它模拟了自然状态，即酒吧中的约会。

然而，卡特勒对"自然"的承诺只到了这个地步。他显然在过程中监视着这些男女，因为他详细记录了每个男人持续了多少分钟（或多少秒）——这代表暴露的时长。男人一结束，他就会冲进去，用鼻子嗅他们的裤裆，检查精液和阴道分泌物。没有事后的拥抱，也没有事后烟。为了提高效率，妓女们在嫖客之间的间隔不到1分钟。一个女人必须在71分钟内为8个男人服务，中间没有机会洗漱。在最终参与研究的2 000人中，大多数是成年人，但有一个只有16岁的妓女和一些只有10岁的士兵。

尽管最开始抱有希望，但卡特勒在危地马拉遇到了与在特雷霍特一样的挫败。即使有酒和快乐的性行为，这些人的性病感染率也不够高，无法建立基准线，而没有基准线，实验就没有价值。因此，在绝望中，卡特勒放弃了自然性行为，开始用手感染这些男人。

这个过程很复杂。他首先收集了一些新鲜的性交分泌物，并将其混合在有营养的牛心浸液肉汤中。然后他把这些人引诱到他的办公室，以三种方法中的一种让他们接触这种液体。在浅层暴露法中，他将小棉垫浸泡在液体中，并将其强行塞入他们的包皮下。（这要求他像某些色情片的星探一样，留意那些包皮很厚的男人，以便更好地铺棉垫。）在深层暴露法中，卡特勒将一些棉花浸泡在液体中，用牙签塞进男人的尿道里。还有磨损法，用注射器的尖端划伤龟头，直到它几乎出血，然后将液体泼到伤口上。卡特勒还把浸透液体的棉球插入未受感染的妓女的阴道，并如他报告的那样，"以相当大的力度"搅动。似乎是为了增加惊悚程度，卡特勒经常邀请他的妻子一起拍摄人们的生殖器特写。

值得注意的是，卡特勒的一些研究对象反对这样的"治疗"。一位精神病患者——必须说，他是房间里最理智的人——不愿意这样做，于是跳下桌子逃走了，医院工作人员花了几个小时才找到他。不过总的来说，卡特勒对新的方法相当满意，由它们得出的基线感染率在50%到98%之间。

卡特勒忠实地将所有这些"进展"报告给华盛顿的上级们，后者对此印象深刻。有人写信给他说："你的展示已经在这里引起了相当广泛且有益的关注。"另一个人转述了自己与美国外科医生的谈话："当医生说'你知道，我们在这个国家不可能做这样的实验'，他的眼睛里闪过一丝快乐的光芒。"

同样，公共卫生局的医生往往牺牲了有利可图的私人诊所的职业来从事公共卫生，他们中的许多人有军队背景。同时，这种共同的背景和目标感在公共卫生局里产生了高度的团队精神。通常情况下，健康的团队精神是一件好事。但研究群体动力学的心理学家发现，相比于思维更多元的团队，高度凝聚力和统一背景的团队往往会做出更糟糕的决策。特别是，统一的团队很少质疑自己的不道德行为——或者说，没有认识到自己的行为是不道德的。同质化的公共卫生局认为，卡特勒的工作做得很好。

然而，卡特勒多少知道，他的实验开始变得可疑。即使在他的上司沾沾自喜的时候，他也强调有必要保密，特别是在1947年4月《纽约时报》刊登了一篇短文之后。这篇文章描述了在巴尔的摩和北卡罗来纳州进行的一些实验，科学家让兔子接触梅毒，并立即给它们注射青霉素，这似乎可以防止感染。记者指出，这项研究在人类身上有很好的前景，但"将活的梅毒注入人体在道德上是不可能的"。与此同时，卡特勒在危地马拉正是这样做的。看到自己的研究被描述为"道德不可能"，他并没有停下来。这只是加深了他的怀疑，即公共卫生局以外的人会制造麻烦，所以保密是最重要的。

很说明问题的是，历史学家还注意到，卡特勒从未将自己作为研究对象纳入实验中。这听起来也许是奇怪的批评，但在20世纪中期以前，自我实验在医学界很常见。例如，解剖学家约翰·亨特在1767年故意将脓液注入自己的身体，使自己患上淋病，以便逐日监测病情。[1]无论听起来多么疯狂，亨特至少有勇气承受自己的科学。在卡特勒的时代，仍然有医生在做这样的事情。事实上，只要有令人信服的医学证据，且医生本人就是实验对象，危险的研究就可以得到《纽伦堡法典》的豁免。卡特勒的研究可以说是令人信服的，但他更愿意保全自己的身体，而暴露其他人的。

尽管精神高度统一，但公共卫生局的一些同事确实对危地马拉研究提出了温和的怀疑。最直接的质疑是关于精神病患者研究的。一位医生在给卡特勒的信中说："对于在精神病人身上做的

---

1 亨特把性病的脓液注射进自己的身体，以确定淋病和梅毒是同一种疾病还是两种不同的疾病。这在当时是个谜。不过他的实验从一开始就注定要失败，因为他收集脓液的那个人同时患有两种疾病——亨特跟他不熟。结果，亨特在自己身上看到了两种疾病的症状，并错误地认为梅毒和淋病是同一种疾病。这种混淆造成了各种混乱，直到另一位医生在1838年终于把事情弄清楚了。虽然亨特在自己身上做实验看起来很英勇，但他肯定没有回避所有的道德问题。首先，不清楚他当时的未婚妻、后来的妻子对这一切的看法，也不知道亨特是否告诉过她自己在做什么。

在美国公共卫生局的实验中，一些危地马拉女性被故意感染了性病（美国国家档案与记录管理局提供）

实验，我有点——实际上不是有点，而是非常——害怕。他们无法表达同意的意愿，也不知道发生了什么，如果被一些伪善的组织知道了这项研究，会掀起更大的风波。"的确，他似乎更担心负面报道，而不是人受到伤害。但与公共卫生局内部的数百人不同，他至少提出了反对意见，并建议卡特勒结束实验。

　　这位同事的担心是对的。即使考虑到在危地马拉的所有其他道德过失，卡特勒在精神病院的工作也陷入了新的低谷。为了换取一些微不足道的物资——投影仪、冰箱、药物、盘子和杯子，精神病院的负责人允许卡特勒将50名精神病患者暴露于性传播疾病，包括7名患癫痫的妇女，梅毒被注射到她们的脊柱。荒谬的是，卡特勒声称这些妇女"对程序不太在意"，她们"日复一日"地排队接受脊柱注射，部分原因是他用香烟收买了她们。

　　精神病院里最令人揪心的案例涉及一个叫贝莎（Bertha）的

女人。她的年龄以及她被关进精神病院的原因现在已经不详。但在1948年2月，卡特勒将梅毒病菌注射到她的左臂。那里很快就出现了病变和红疙瘩，皮肤开始剥落。但3个多月以来卡特勒拒绝为她治疗，直到8月23日，贝莎已经奄奄一息。卡特勒认为他现在可以做他想做的事情了，开始向她的尿道、眼睛和直肠注射淋病脓液，然后又重新注射了梅毒，以达到良好的效果。几天之内，贝莎的两只眼睛都在流脓，尿道口也在流血。她于8月27日死亡。

如前所述，用今天的道德标准评判过去的人并觉得自己高人一等，这实在太容易了。俗话说，道德的风尚比服装的时尚更容易变化。我们应该停下来想一想，未来的人可能会因为我们从未想过要质疑的事情而质疑我们。但是，如果一个人违背了自己时代的标准，批判他就是公平的。从这个角度来看，卡特勒"道德不可能"的研究是相当令人痛心的。如果他在德国的集中营里对贝莎进行同样的实验，他很可能会因战争罪被审判。

在1948年切断资金之前，美国卫生局在卡特勒的实验上总共花费了22.3万美元（相当于今天的260万美元）。青霉素药物非常有效地治愈了性传播疾病，相比之下，涂抹预防性的花生油似乎毫无作用。无论如何，另一位外科医生将要接管这里，他可能不那么容易对道德过失感觉"兴高采烈"。因此，卡特勒收拾行李离开了危地马拉。也许不可避免的是，鉴于他对性病的兴趣，他后来加入了阿拉巴马州的塔斯基吉研究。

塔斯基吉的医生们习惯轻率地公布他们的结果，和他们不一样的是，卡特勒从未就危地马拉研究写过一个字。部分是因为该研究没有获得任何新知识，从公共卫生角度来看，它一无所获。但他的沉默似乎还有另一个更黑暗的原因。卡特勒在1960年离开公共卫生局，带着在危地马拉的所有实验室笔记和病历潜逃了，尽管这些都是美国政府的财产——对于他这样一个敬业的军人，这个举动很不寻常。没有人知道他为什么要带走这些东西，但确实有掩盖事实、防止被发现的意味。令人惊讶的是，2005年，历史学家苏珊·雷弗比（Susan Reverby）在匹兹堡大学偶然发现了这些笔记，卡特勒离开公共卫生局后在该校任教。如果雷弗比没有发现它们并英勇地翻阅了全部10 000页，它们可能至今仍然是秘密。[1]

卡特勒没有活着看到他的研究被曝光，他于2003年死去。那么，在危地马拉之后，他做了什么样的工作？除了塔斯基吉，他还在海地和印度做了一些工作，帮助提供医疗保健给妇女，为发展中国家的妇科医生和产科医生安排奖学金，让他们在美国接受培训，这样就可以回国拯救妇女的生命。他还谴责了20世纪80年代围绕艾滋病的道德恐慌，并拒绝因受害者是同性恋而将其妖魔化。

听起来很熟悉吧？请原谅我的修辞，但本节开头那个英勇的医生——保护妇女和少数派的医生——正是负责危地马拉研究的那个人。如果你对卡特勒的唯一了解来自他的讣告，那么在危地马拉的工作被曝光以前，你会认为他是阿尔伯特·史怀哲（Albert Schweitzer）[2]。

那么，这两个卡特勒怎么可能是同一个人呢？也许他在离开危地马拉后忏悔了，并献身于更好的事业。也许他埋葬了所有的记忆，不承认自己做错了什么。也许他仍然赞成粗暴的功利主义，认为只要你试图帮助总体上足够多的人——抽象的人类——就可以顺便牺牲具体的人。（直到20世纪90年代，卡特勒还以这些理由为塔斯基吉研究辩护。）或者说，试图调和这两个卡特勒的做法忽略了一点。人们很容易把危地马拉的卡特勒与约瑟夫·门格

---

1 限于篇幅，我无法在这里介绍完整的传奇故事，但苏珊·雷弗比在档案馆发现卡特勒长期隐藏的作品的故事值得全文阅读——这个案子最终会一路走到白宫。
2 阿尔伯特·史怀哲，德国医生，从30岁起在非洲长期从事人道医疗工作，被誉为人类良知的代表。他在1952年获得诺贝尔和平奖。——译者

勒等纳粹医生混为一谈，把他看作另一个变态者，这很有吸引力。但当我们承认他后来所做的好事时，这样做就很难了。也许，最终没有令人满意的方法来调和这两个约翰·卡特勒。[1]

由于危地马拉的实验被掩盖了很久，塔斯基吉最终给医学蒙上了一层阴影。但是，随着研究变得更加国际化，这两个案例的悲惨回声已经响彻全球。

其中一个争议涉及疟疾疫苗。大多数传染病是由病毒或细菌引起的，而疟疾是由原生动物引起的，这是一种复杂的微生物，有着复杂的生命周期。几十年来，这种复杂性阻碍了疫苗的研发，恶化了可以说是世界上最严重的健康问题：这种疾病每年感染2亿人。

21世纪第二个十年末期，出现了一种有前景的新疟疾疫苗，世界卫生组织（WHO）开始在马拉维、加纳和肯尼亚进行测试。的确，这种名为"Mosquirix"的疫苗并不完善。在17个月以下的儿童中，它减少了三分之一的疟疾发病率，但与对照组相比，它还使脑膜炎的风险增加了10倍，并且出于不明原因，女孩的整体死亡率增加了1倍。然而，即使考虑到这些危险，Mosquirix仍有潜力每年仅在非洲就拯救十多万人的生命。

然而，许多批评者认为，该疫苗的发布是很不光明正大的。在官僚主义方面，世卫组织将该疫苗接种计划列为"试点引进"，而不是"研究活动"，似乎是为了避免官方"研究"所需的烦琐手续和额外监督。更糟糕的是，世卫官员并没有告知家长脑膜炎的风险以及女孩死亡率的增加。相反，当父母到诊所为孩子接种其他疾病的疫苗时，医生会直接问他们是否也要接种疟疾疫苗。

---

1 即便是最早揭露约翰·卡特勒的苏珊·雷弗比，也抑制住了称他为怪物的冲动。虽然她肯定地将危地马拉的恐怖归咎于他，但作为女权主义历史学家，她也承认他后来在发展中国家所做的巨大贡献。

甚至没人告诉他们Mosquirix是实验性的。世卫组织为其方法辩护，指出父母可以选择不接种，还辩称它已经通过向社区提供疫苗相关的一般信息而获得了"默示同意"。但批评者反驳说，默示同意与大多数研究要求的"知情同意"相去甚远。一位生物伦理学家认为，"默示同意根本就不是同意"。

到目前为止，这项研究以及关于它的争论仍在继续。但是，无论这一切看起来多么不可靠，根本性的争论可以归结为：如果世卫组织的捷径加速了疫苗的引进，并挽救了数十万人的生命，那么这种道德上的花招是否值得？

一个更棘手的案例涉及20世纪90年代乌干达的艾滋病药物。HIV阳性的妇女在怀孕期间有四分之一的可能性将病毒遗传给孩子。某些药物可以大幅降低这一比率，但这些药物对大多数非洲人来说太昂贵了——每人800美元。此外，治疗方案很复杂，既需要服药，也需要医护人员注射，对怀孕的母亲和出世的孩子都是如此。所以，国际卫生官员决定在乌干达测试一种更短、更简单的治疗方案。研究中一半的孕妇接受了齐多夫定（AZT）的短期疗程，另一半孕妇则接受了惰性安慰剂药片作为对照。科学家随后对比了两组的感染率，以确定短期疗程是否有效。

安慰剂对照试验是医学的黄金准则：从科学上讲，它们是确定治疗是否有效的最佳方法。但是许多医生和活动家对乌干达使用安慰剂的做法感到愤怒。他们指出，在北美，不给HIV患者治疗被认为是不道德的，即使是在实验性药物试验期间。他们希望研究人员将短期疗程和富裕国家的人本来会接受的长期疗程进行对比，而不是将短期疗程与安慰剂进行对比。他们坚持认为，任何不这样做的行为都是双重标准，都等于让黑人婴儿死亡。

这些指责激怒了负责这项研究的科学家，包括许多乌干达人。他们认为，对他们有限的预算来说，漫长的药物疗程过于昂贵，大大降低了研究的人数，从而降低了其预测能力。此外，他们说他们的反对者——大多是发达国家的富有白人——根本不知道在非洲做研究是怎样的。他们将第一世界的道德标准应用于第三世界的复杂现实，是犯了"伦理帝国主义"的错误。如果没有这个试验，乌干达妇女**都得不到**治疗。他们重申，也许最重要的是，带有适当安慰剂对照的细致实验研究是确定治疗是否有效的最快和最高效的方法。因此，从长远来看，它将拯救最多的婴儿。

双方都没有让步，关于在医疗危机时期应该怎么做的争论一直持续到今天。最近，在新冠肺炎疫情的早期，许多人想让医生放开手脚，尝试各种实验性药物——尽管其副作用往往很严重，这些副作用可能（而且确实）会杀死那些本可以活下来的人。话说回来，如果其中一些药物起了作用，我们可能已经免去了不计其数的悲叹和痛苦。如前所述，许多伦理学家认为设计不佳的医学研究当然是不道德的。但在危急时刻，即使是设计得**最好**的实验也可能触犯人们的道德。从来没有人说伦理学是简单的。

在集中营囚犯身上做实验的纳粹医生即便不是史上最受唾弃的医生，也一定是20世纪最受唾弃的医生。如果存在任何竞争者的话，那就是美国神经学家沃尔特·弗里曼（Walter Freeman）。不同于约瑟夫·门格勒，弗里曼并不是什么异类，也不是变态。他只是太想帮助别人了——这最终成了他的败笔。

在下一章里，弗里曼发明了所谓的经眼眶额叶切除术（transorbital lobotomy）——他的对手称之为"冰锥切除术"（icepick lobotomy）。除了手术本身，正是弗里曼的巨大野心，以及他强迫大众接受这种"疗法"，使额叶切除术成为历史上最臭名昭著的医疗手术之一。

第八章

野心

灵魂的手术

埃加斯·莫尼斯（Egas Moniz）被这个故事惊呆了。那是1935年8月，对这位神经学家来说，那一年充满了沮丧，他怀着痛苦的心情到伦敦参加会议。然而，他一听到黑猩猩的故事，所有的挫败感就荡然无存了。

黑猩猩的名字分别是贝琪（Becky）和露西（Lucy）。耶鲁大学的科学家测试了它们的记忆力和解决问题的能力。在一个案例中，科学家用两个杯子中的一个盖住甜食，然后把一块隔板放下几分钟，贝琪和露西必须记住食物在哪个杯子下面，否则就有可能失去它。另一项测试是用一根短棍子拖动附近的几根长棍子，然后用最长的棍子获得另一种甜食。露西完成了这两项任务，但贝琪总是记不住甜食在哪个杯子下面，如果它没有得到，就会大发脾气：叫喊、挥舞拳头、扔粪便，等等。

完成这些训练后，科学家做了一些极端的事情。他们通过手术切除了黑猩猩的一块大脑——它们的整个额叶——然后重新测试，看看贝琪和露西表现如何，结果令人极为震惊。耶鲁大学的团队在伦敦报告说，现在，黑猩猩隔了几秒钟就记不住甜食在哪个杯子下面，而且拖动棍子的任务也超出了它们的能力范围。额叶的丧失抹去了它们的工作记忆，破坏了它们解决问题的能力。

所有这些都很有趣，虽然有些伤感。但关于记忆和解决问题的见解并不是吸引埃加斯·莫尼斯的原因。耶鲁大学的一位科学家顺便提到，在手术之后，贝琪不再因为没有得到食物而发脾气。他说，它非常平静，仿佛加入了某个"幸福邪教"。总而言之，切除额叶似乎消除了它的神经症。

故事远远没有结束。虽然说贝琪进入了禅定状态，但科学家也提到露西的状态完全相反：手术后，它从平静理智的成年倒退为咆哮而狂暴的幼儿。切除额叶**导致了**它的神经症。

但坐在观众席上的莫尼斯要么错过了关于露西的部分，要么直接忽略了它。贝琪平静而安详的画面仿佛抓住了他的前额叶。在之后的问答环节中，他站起来问人类的脑外科手术是否能以同样的方式治疗情绪障碍。

听众很震惊。莫尼斯真的打算切掉某个人类的额叶吗？

并非如此，但他有同样黑暗的想法。

如果不是出生在显赫的家庭，莫尼斯也许永远不会与额叶切除术纠缠在一起。19世纪70年代，莫尼斯在葡萄牙长大，他的一位叔叔给他灌输了祖先的故事——包括最早的埃加斯·莫尼斯，一位在12世纪帮助击退摩尔人入侵的传奇士兵。这些故事激发了男孩的热情，也激起了他对出人头地和成名的强烈愿望。年轻时，他在葡萄牙上了医学院，然后在巴黎做了神经学住院医生。此后不久，26岁的他被选为葡萄牙议会议员。到了中年，他成为驻西班牙大使，并在里斯本拥有一座宫殿式的庄园，庄园有著名的酒窖和众多仆人，仆人的制服都是他亲自设计的。

埃加斯·莫尼斯医生，这个渴望荣誉的神经学家发明了后来所谓的"额叶切除术"
［荷西·玛尔禾（José Malhoa）绘］

但令他沮丧的是，他在政治上的声望远远超过了在医学上的声望。事实上，当他获得里斯本一所著名大学的神经学职位任命时，人们嘲笑他获得这份工作是因为他的政治关系，而不是科学才智。这样的言论刺痛了他。

然后他的身体也开始衰退。奢华的生活方式使他的双手长期承受痛风之苦。严重的关节病让他连握手都很煎熬，还限制了他与病人合作的能力。他在中年时大大增重，看起来既浮肿又悲伤。

由于无法再治疗病人，莫尼斯将他的野心转向研究新的医疗手术。当时是20世纪20年代，医生可以用X射线检查人的骨骼，但没有很好的办法窥视软组织内部。因此，法国一些科学家想出了现在所谓的"血管造影术"。这需要在人体血液中注入不透明液体，这些液体充满了溶解的金属离子。快速的X射线会在液体中反弹，使医生看到血管和器官的轮廓。除了血淋淋的事故，这是人类有史以来第一次窥视到活人的内脏，是巨大的突破。

莫尼斯全身心投入血管造影术的研究中，争分夺秒地获取第一张大脑照片。他从尸体开始，他的助手（处理仪器的人——考虑到他手的状况）会找一具尸体，将不透明液体注入其大脑。接下来，助手会用锯把头割下来，然后带着它跳进莫尼斯的豪华轿车里，他们穿过城镇，来到X射线仪正等待着的地方。莫尼斯后来回忆说，几个星期的时间，他一直活在对车祸的恐惧中。他几乎可以预想到被割下的头颅滚到人行道上，暴露了他可怕的实验。

在尸体研究之后，莫尼斯和他的助手开始治疗活体病人。但他们注射的液体（如溴化锶、碘化钠）经常渗入周围组织，导致神经系统异常，如眼睛下垂或癫痫发作。病人死了，莫尼斯内心动摇，但并不气馁。他更换了溶液，并不断调整。1927年6月，他终于拍到了为大脑供血的动脉和静脉的绚丽照片。他甚至根据病人的脑下垂体周围的血管分支，准确地指出了那里的肿瘤。

莫尼斯知道这些图像很重要。他努力工作以确立自己的优先地位,在1927年和1928年发表了二十多篇关于血管造影术的论文。他还非常放肆地要求两位同事提名他为诺贝尔奖候选人,他们照做了——虽然不情愿,但显然他们不愿意拒绝如此有关系的人。

这些提名还不够。莫尼斯并没有发明血管造影术,其他科学家认为他的研究只是衍生研究。从20世纪20年代到30年代,莫尼斯可以看到自己的功劳份额正在减少。毫无疑问,脑血管造影术拯救了生命,他的同事现在把他视为真正的科学家。但这还不足以让他在先祖的万神殿中获得一尊半身像。

1935年,莫尼斯出席伦敦会议——60岁,因痛风而残疾,为自己的遗产而忧伤。作为自我宣传的最后努力,他设立了关于血管造影术的展位,但收效甚微。相反,莫尼斯把大部分时间花在与邻座的医生聊天,这是一位雄心勃勃的年轻美国神经学家,叫沃尔特·弗里曼,他也从事大脑可视化研究。事实证明,相比于冷漠的莫尼斯,弗里曼是个更好的表演者(同事们还记得,弗里曼在其他会议上像狂欢节上的叫卖者,聚集了一大群看热闹的人),但两人相处得很好,用法语讨论了工作的方方面面。沉闷而无趣。

然而,在会议期间的某个时候,莫尼斯参加了关于黑猩猩贝琪和露西的会议——并感觉自己的整个人生轨迹发生了变化。很少有人会建立这种联系,但在贝琪的故事中,莫尼斯突然看到了解决方案,可以解决西方社会最令人困扰的问题之一,即精神病院的可耻状况。

在古代和中世纪,当有人失去理智时,家人会收容并照顾他们。但是,工业化在18世纪和19世纪破坏了家庭生活,于是照顾的责任就转移到了政府身上,政府开始把新的被监护人转到精神病院。到1900年,西方世界的每个主要城市都有疯人院,而且它们都令人沮丧地相似:吵闹、肮脏、拥挤不堪。一位历史学家指出："病人被护理者殴打、窒息和吐口水。他们被关在黑暗潮湿的软垫牢房里，经常被束缚在紧身衣下。"（一家精神病院的一名妇女甚至被迫穿着紧身衣分娩，而且是在单独监禁的情况下分娩。）在最好的情况下，精神病院是人类的仓库。而在最坏的情况下，它会让人联想到集中营。

精神病医生的确试图帮助精神病人，但没有取得多大成功。最常见的治疗方法是通过药物或电击诱发癫痫和昏迷来重新启动人们的大脑。[1]这些措施确实对部分病人有好处（真的），但只是

英国著名贝特莱姆（Bethlem）皇家医院的一个场景，被戏称为贝德莱姆（Bedlam）——精神病院悲惨状况的同义词［出自威廉·贺加斯（William Hogarth）的《浪子的历程》（*Rake's Progress*）系列］

1　除了胰岛素昏迷疗法和电击疗法，一些医生还尝试对精神病院的患者进行弗洛伊德式的谈话疗法。但他们很快就发现，让病人坐在沙发上，跟他们聊一聊母亲的问题，对真正的精神错乱是无效的。这种精神错乱的根源往往是器质性大脑障碍。出于这个原因，莫尼斯和弗里曼都怀疑谈话疗法对真正的精神错乱者是否有帮助。弗里曼曾调侃，任何一个还不错的酒保都能履行与精神分析学家相同的基本职能——同情地倾听。

部分病人。关于其他的治疗——阉割、注射马血、冷藏的"木乃伊袋"——在本书中还是不要说太多。

实际上，精神病院最令人沮丧的是无意义的气氛。病人日复一日地呻吟和哭泣，摇晃和号叫，医生所做的一切都无济于事。甚至称他们为**病人**似乎也是错误的，因为这个词意味着有治愈的希望。实际上，他们是囚犯。有些囚犯不能有床，因为他们会砸碎床，用床的碎片刺伤人。有些囚犯不能穿衣服，因为他们会把衣服撕掉，或反复弄脏自己。在某些方面，这些人的处境比动物还糟糕，至少动物是平和且满足的。这些男男女女被自己的头脑折磨着，一小时、一天、一年、十年。

突然间，莫尼斯看到了一个拯救他们的方法。如果在贝琪的大脑中胡搅一通就能结束她的暴躁，那么为什么不能用类似的方法帮助受精神障碍折磨的人类呢？这值得一试。只不过，莫尼斯提出的不是切除额叶，而是更微妙的东西：切断额叶与边缘系统之间的联系。

在人体内，额叶负责思考、计划和理性思维，而边缘系统处理原始情感。大脑的这两个区域由来回发送信息的神经元束连接。莫尼斯推测，在精神病患者的大脑中，边缘系统已经通过加速转动而进入过载状态，并用一连串的信号击垮了额叶。

现在来看，莫尼斯的理论并非一文不值——情绪障碍确实击垮了一些人的大脑。但这一理论建立在一种过时的大脑模型之上，即大脑是一种硬接线的配电盘，用电线连接着不同的部位。莫尼斯认为，精神错乱是因为线路出错，充斥着短路和接触不良。因此，通过剪断这些接触不良就可以使大脑恢复平衡——用一把刀就能治好精神错乱。

不幸的是，莫尼斯似乎没有意识到，信息在大脑中是双向流动的。情绪可以压垮额叶，这是毫无疑问的。但额叶也可以向边缘系统发送信息，抑制原始情绪，使我们平静下来。事实上，额叶控制能力的丧失可能是另一只黑猩猩露西在手术后变得如此狼狈的原因。没有来自额叶的反馈，它的情绪就失控了。

可是，莫尼斯再次忽略了露西，把注意力集中在贝琪简洁直接的故事上：之前饱受折磨，之后却很平和。更有力的是，他想象着全世界在精神病院受苦的数百万人，发誓要帮助他们，让医生更少地把时间浪费在癫痫和电击上。用他的话说，他将通过一门叫"精神外科"的新学科"攻击"大脑中精神疾病的根源。如果这个过程为他赢得了荣誉，他当然也不会拒绝。

到20世纪30年代中期，莫尼斯已经60多岁了，他没有时间来建立自己的遗产。因此，他跳过了所有在动物身上进行的安全试验，在伦敦会议结束后3个月就指导了他的第一次精神外科手术——他称之为"leucotomy"（脑白质切除术）。[1]

第一个病例是一名63岁的妇女，几十年来一直在精神病房进进出出，她有哭闹的毛病，经常与幻觉和被害妄想症做斗争。莫尼斯指导一名神经外科同事在该妇女的头骨上开了两个比10美分硬币还小的洞。然后将注射器插入额叶深处，并注射了一小针纯酒精——基本上就是Everclear酒[2]——通过脱水和窒息破坏了周围的细胞。

---

1 伦敦会议对莫尼斯的影响存在争议。莫尼斯后来声称，在听说贝琪之前多年，他就已经秘密地研究了精神外科，一些历史学家相信他。但这似乎是非常私人的版本，其他历史学家对此表示怀疑。首先，莫尼斯还声称早在伦敦之前就与同事讨论过精神外科，但被问及此事时，同事们都没有回忆起任何讨论。莫尼斯关于神经学的许多著作中也没有证据表明他在1935年前研究过这种手术。不过，真相仍有争议。
2 Everclear酒是世界上最烈的酒之一，酒精浓度达95%。——译者

即使考虑到他非常急切，莫尼斯表现出的冷漠也是令人震惊的：他并没有追踪他的病人，以确定额叶切除术是否有效。在第一个病例中，他在手术后几个小时问了这个女人一些愚蠢的问题（"你喜欢喝牛奶还是肉汤？"），并得知她不知道自己的年龄或自己在哪里。几天后，她被送回精神病院，而且又开始哭闹。但莫尼斯还是在1936年年初宣布她痊愈了，因为他觉得她的偏执和妄想已经不那么强烈。这时，他已经转向了其他病人，在另外7个人的大脑中注射了酒精。他声称，根据类似的粗浅分析，这些病例也取得了令人满意的结果。

但私底下，莫尼斯担心酒精对脑细胞的破坏超出他的想象。他决定换一种方式，开始尝试切割。这项有望改进的新技术是将一根细棒深入额叶的肉里。在插进去的地方，一圈金属丝从细棒里伸出来，通过旋转金属丝就可以"取出"额叶里的一些组织。切割法似乎对第一个病人起了作用，因此莫尼斯很快又安排了十几个病人。他宣布其中一个病人的精神疾病在短短11天后就被治愈了——这个时间短到甚至不足以从脑部手术中恢复过来，更何况判断手术的成功了。对他来说，唯一的小插曲是一个女人在被取出组织时发出了呻吟——莫尼斯很快明白，原因可能是金属丝在埋入她大脑时断裂了。

到1936年，莫尼斯已经有足够的材料出版一本关于额叶切除术的书。在材料中，他宣称他的病人中有三分之一已经被治愈，三分之一症状明显减轻，剩下的三分之一没有比以前更糟。考虑到当时徒劳无功的精神疾病治疗，如果这是真的，结果将非常惊人。

无论真假，人们都希望相信莫尼斯——他们希望有治愈的可能。在美国尤其如此，因为美国的领土上有许多肮脏的精神病院。莫尼斯的书很快就到了沃尔特·弗里曼手中，这个健谈的、会叫卖的神经学家在伦敦会议时就在莫尼斯旁边。弗里曼和莫尼斯一样想帮助精神病患者，而事实证明他在追求美德方面更加鲁莽。

弗里曼自称是精神外科的亨利·福特（Henry Ford）——将额叶切除术带给大众的人。

1936年，弗里曼在华盛顿特区担任两个职务，一个在乔治华盛顿大学，另一个在附近的精神病院。他喜欢在大学的工作，在那里他被认为是鼓舞人心的教师，即使在星期六上午也能把教室塞满人。他戴着眼镜，眉毛很粗，留着不时髦的小胡子和山羊胡，很像格劳乔·马克斯（Groucho Marx）。他讲课时也很有趣，可以用两只手在黑板上画画，同时勾勒出大脑的两个不同部分，粉笔飞舞，让学生们惊叹不已。但令人不安的是，他会在当地医院寻找有趣的神经病患者，把他们带到学生面前展示。例如，一位患有痴呆症的老太太基本上退化成了婴儿，重新出现了吮吸反射。弗里曼让她贪婪地吮吸奶瓶和他的烟斗，从而演示了这一点。（他在信中自豪地说："这个画面他们不会马上忘记。"）他的学生大多是男性，他们非常喜欢这些课程，经常带着自己的女朋友一起来。这比电影更好看，而且更便宜。

相比之下，弗里曼在精神病院的第二份工作让他感到沮丧。无论是囚犯还是管理员，每个人似乎都很悲惨，人类潜能的浪费让他感到厌恶。因此，当埃加斯·莫尼斯出版了关于额叶切除术的书，详细介绍了所有可能的治疗方法时，弗里曼欣喜若狂。他回忆说"一个未来的愿景"在他脑海中展开，类似于一种宗教皈依。弗里曼也具有冒险精神，这种大胆新奇的精神外科手术吸引了他。他很快就在乔治华盛顿大学招募了一位合作者，神经外科医生詹姆斯·沃茨（James Watts），然后开始忙碌起来。

莫尼斯的书在1936年6月出版。到了9月,弗里曼和沃茨已经把第一批病人放在了手术台上。作为神经学家而非神经外科医生,弗里曼没有资格亲自做手术。但他非常强势,不能只坐在一边看着:只要沃茨打开了头骨,弗里曼就会立刻接手。(公平地说,弗里曼是世界级的大脑解剖学专家,他的知识远远超过了沃茨。)起初,两人只是简单地复制了莫尼斯的方法,用一圈金属丝将脑组织挖出来。最终,他们改进了手术方法,舍弃了金属圈,改用有钝刃的细长刀片,看起来像巨大的黄油刮刀。他们将刀片滑入头骨上硬币大小的孔,以不同的角度旋转,从而切断额叶与情绪中枢的联系。他们使用了新工具和新技术,因此给手术起了新名字——"lobotomy"(额叶切除术)[1]。

在1936年的最后4个月里,弗里曼和沃茨每周都要"治疗"一个病人,结果令他们感到鼓舞。大约一半的病人平静了下来,可以回到他们家人身边。相比于住在精神病院,弗里曼和沃茨认为这是巨大的进步。此外,那些留在精神病院的人也更加温顺。弗里曼后来在一个有些不同的语境下说:"病房里的噪声减少了,'事故'减少了,合作得到了改善,当窗帘和花盆不再有被用作武器的危险时,病房就可以变得明亮起来。"

的确,也有挫折。在挥刀的过程中,弗里曼有时会割破血管,他早期的一个病人因出血而死亡。有时病人的情况没有好转。1936年平安夜,一个酗酒的病人从床上跟跟跄跄地爬起来,用一顶帽子盖住自己的手术绷带,然后晃晃悠悠地从医院前门溜了出去。弗里曼和沃茨找了很长时间,发现他在当地一家酒吧庆祝节日,醉得几乎走不了路。由于这次意外,弗里曼错过了儿子的出生,但他从来不感到气馁。在许多情况下,他只是为病人再安排一次

---

1 本章前面使用的词是"leucotomy"。"leucotomy"是莫尼斯发明的名称,"lobotomy"是弗里曼发明的名称,实际上都是指额叶切除术。——译者

额叶切除，他认为显然是第一次没有切掉足够多的组织。

值得赞扬的是，弗里曼比莫尼斯更尽职地追踪病人，而且他更加理性、更加诚实（至少在一开始），承认了额叶切除术的局限性。总的来说，弗里曼认为这种手术对精神分裂患者、酗酒者和有犯罪行为的人没什么好处。（事实上，有时由于病人在手术后失去了所有羞耻感，错乱行为会越来越严重。弗里曼曾经调侃说，如果给偷窥狂做了额叶切除术，他就不会再从窗户偷窥了，而是直接从前门闯进去。）事实证明，对于患有严重抑郁症和其他情绪障碍的人，额叶切除术要有效得多，它可以模糊他们的黑暗边缘，振奋他们的情绪。部分是出于这个原因，早期的额叶切除术病例大多是女性——女性患有（或至少被诊断为）抑郁症和情绪障碍的比例比男性高。

弗里曼对额叶切除术的副作用也很坦诚。他的病人中没有人沦为流口水、脑死亡——好莱坞式的刻板印象——的植物人。但许多人不得不重新学习基本技能，如用餐具吃饭和使用抽水马桶。更令人不安的是，弗里曼承认许多病人失去了他们的"火花"。也就是说，他们的个性变得迟钝，而且失去了所有主动性。如果向他们提议一项活动，他们只会耸耸肩，然后跟着做，但没有多少热情。如果没有人催促他们做什么，他们就会坐着发呆，一坐就是几个小时。额叶控制的丧失也释放了他们的食欲，患者狼吞虎咽地吃下摆在他们面前的任何东西，然后呕吐，然后再吃。还有人变得性欲高涨，在手术后的一周内，他们会向配偶求欢，每天多达6次。（一位作者说："这把刀……磨灭了哈姆雷特，但没有磨灭罗密欧。"）最令人不安的是他们失去了自我意识和社交礼仪。有人开始在教堂布道后鼓掌，大喊大叫，仿佛刚刚看了一场杂耍表演。其他病人则不再梳洗。弗里曼曾经说过（他很会说话），他的病人表现出"与童子军美德相反的品质"：明显缺乏清洁、礼貌、服从和敬畏等。

弗里曼最声名狼藉的失败发生在1941年。政治家族族长约瑟夫·肯尼迪（Joseph Kennedy）说服弗里曼为他的女儿罗斯玛丽（Rosemary）做了额叶切除术，她情绪波动、非常易怒。额叶切除术使23岁的她无法说话或走路，并耗尽了她的所有活力。尽管推动了这次手术，但肯尼迪对弗里曼大发雷霆。出于震惊和羞愧，他把他的女儿关在收容所里度过余生。[1]

即使被"治愈"的病人也会有严重的副作用，因此额叶切除术受到了一些严厉的批评。一位医生宣称："这不是手术，而是残害。"另一位医生说："当精神外科医生认为没有灵魂的病人比灵魂患病的病人更幸福时，他确实站在危险的地方。"许多医生还提出了这样一个问题：精神错乱或疯癫的人是否真的能"同意"接受激进的实验性手术？弗里曼的儿子曾经说："谈论一次成功的额叶切除就如同谈论一场成功的车祸。"

弗里曼不接受这种批评。他热爱战斗，热切地回击批评他的人，他认为这些人是拘泥于道德问题的软弱者，无法真正帮助他人。他说的也有道理。连他的反对者也不得不承认——尽管这在今天听起来很奇怪——额叶切除术确实对许多人有好处。再次强调，当时真正治疗精神疾病的方法很少，而额叶切除术至少使最

---

1 罗斯玛丽的问题源自她出生的时候。1918年9月的一天，她母亲的羊水意外破了，没有医生来监督分娩。令人难以置信的是，现场的一名护士让肯尼迪夫人把腿挤在一起，让婴儿待在里面。罗斯玛丽出来的时候，护士把她塞了回去。结果，罗斯玛丽的大脑处于几分钟的缺氧状态。她一直都不太正常，小时候，她非常努力才能正确地握住勺子和骑自行车。

据大家所知，罗斯玛丽仍然是个活泼的年轻女子，被认为是肯尼迪最漂亮的女儿。但对于一个雄心勃勃的家族，罗斯玛丽是个尴尬的存在，所以在十几岁的时候被禁锢在修道院。罗斯玛丽自然对此很反感，她对修女们口无遮拦，并在晚上偷偷溜走——她们担心可能是为了勾搭男人。在当时的情况下，未婚先孕的女儿会毁掉家族的政治资本，所以罗斯玛丽的父亲约瑟夫开始观察额叶切除术。罗斯玛丽的妹妹凯瑟琳（Kathleen）也注意到这项手术，实际上她反对该手术。但约瑟夫否决了她的意见，在他妻子离城的时候对罗斯玛丽进行了额叶切除术。

约翰·肯尼迪（John Kennedy）一直对他的家人抛弃罗斯玛丽的方式感到不安，他作为总统推动了一项全面的精神健康改革法案。该法案旨在关闭大规模的州立精神病院，支持以社区为基础的小规模看护中心，以提供更细致的护理。不幸的是，各州确实关闭了许多精神病院，但忽略了用社区中心来取代它们，可能是为了省钱。抗精神病药物的传播加速了精神病院的清空，从那时起几乎看不见它们了。

严重的精神错乱者安静下来。他们不再咬身旁的人，也不再拿头撞墙，撞到血肉模糊地昏迷过去，他们可以做一些简单的、人性化的事情，比如和其他人一起吃饭，或者到外面去晒晒太阳。根据弗里曼的估计，如果该手术"能让病人睡在床上而不是床下，那就值得了"。这些病人没有被治愈，但精神外科手术给了他们类似于正常人的东西。出于这个原因，一些知名神经学家为弗里曼辩护，他的研究在《新英格兰医学杂志》（*The New England Journal of Medicine*）等出版物上获得了同行支持。

总之，作为最后的治疗手段，额叶切除术在20世纪中叶的医学中占据重要地位。要是沃尔特·弗里曼能谦虚地接受这种限制就好了。

到20世纪40年代中期，弗里曼开始对额叶切除术产生怀疑。打开头骨会造成太大的创伤，使本已衰弱的手术效果进一步恶化。此外，标准的额叶切除术并不能真正解决精神病院的问题。毕竟，美国有成千上万的精神病人，而他每周只能给一个人做手术。即使他把手术教给其他人，手术过程中仍然需要有麻醉师和神经外科医生在场。很少有精神病院能承担这些费用，所以弗里曼在1945年开始四处寻找更便宜、更简单的手术方法。他很快发现了新的攻击角度——完全是字面意思。

弗里曼研究了从眼窝进入额叶的方法，而不是在颅骨上钻孔。眼睛后面的眶骨相对较薄，他意识到只需要一根约8英寸长的细棒，就可以滑过眼睛，刺穿眶骨，到达后面的大脑。然后通过来回晃动细棒，他可以从下面切断大脑边缘系统和额叶的连接。根据接入点的位置，弗里曼称该手术为"经眼眶额叶切除术"。

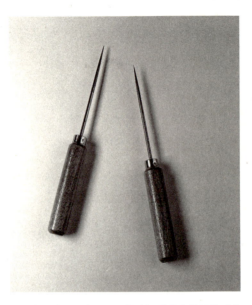

沃尔特·弗里曼在经眼眶额叶切除术中使用的"小剑"。它们的原型是弗里曼在厨房里发现的一根冰锥（惠康信托提供）

他所需要的只是合适的工具。他得到了一些尸体，并尝试用脊椎穿刺针做实验。但这些针太脆弱，无法刺穿眶骨。他最终在厨房里找到了完美工具。一天他打开抽屉，发现一根冰锥——细长、锋利、坚固。几次尸体实验证实了他的预感。装备好后，他开始四处寻找病人。

但他只能秘密地进行，因为他的搭档詹姆斯·沃茨不赞成这种新手术。作为外科医生，沃茨追求精确。他想确切地看到他在大脑中切割的东西，而不是用冰锥盲目地乱戳。弗里曼和沃茨在华盛顿共用一间办公室，这使得秘密手术变得有点尴尬。尽管如此，弗里曼仍然开始把病人偷偷带到他楼上的房间，悄悄进行经眼眶额叶切除。

手术过程是这样的。为了"麻醉"，弗里曼拿出一个雪茄盒大小的电击机，将导线连接到病人的头骨上，几下电击就可以使其毫无知觉。（几乎所有精神病院都有电击机，所以弗里曼觉得他们有信心用这种方式把病人弄晕。）当病人失去知觉时，弗里曼捏住她的一个眼皮，向上翻起，露出下面湿润的粉红色组织，然后刺穿眼窝。在后来的手术中，弗里曼使用了定制的小剑，他吹嘘这种小剑"几乎可以把一扇门从铰链上掀下来，既不会折断也不会弯曲"。但是在前几次办公室里进行的额叶切除中，弗里曼使用了他信赖的厨房冰锥。他单膝跪地，以获得杠杆力，然后缓缓地把小剑插入泪腺。当他感觉到后面有骨头的阻力时，就会拿起锤子开始敲击，直到听到一声**爆裂声**。一旦剑尖滑入大脑，他就会以不同角度左右摆动手柄，完成额叶切除。然后再换另一只眼窝。手术时间很少超过20分钟，病人往往会在一个小时内回家。几天后，脸上会出现两只黑眼睛——真正的黑眼圈。除此之外，如果一切顺利，几乎不会感到不适或疼痛。

当然，事情并不总是一帆风顺。电击有时会导致剧烈的癫痫发作，在几次肢体骨折之后，弗里曼不得不让他的秘书帮忙按住病人。额叶切除术本身有危险，包括感染。弗里曼总是对所谓的"病菌垃圾"嗤之以鼻，而且手术时经常不戴手套或口罩。有一次，2英寸长的钢针居然在病人的脑袋里断了，不得不跑到急诊室。

（后来，不断出现更严重的违规传闻。弗里曼风流成性，虽然没有确切的证据，但同事们怀疑他偶尔跟病人上床。也许并非巧合的是，有两次女患者冲进他的办公室，他不得不夺过她们的手枪。还有传闻说，弗里曼会召集病人进行电击疗法，然后在他们昏昏沉沉的时候秘密地实施额叶切除。没有人知道他如何解释那些泄密的黑眼圈。）

鉴于上述的所有混乱，弗里曼的合作者詹姆斯·沃茨很快就意识到发生了什么——尽管两人对事情的经过有不同的说法。弗里曼声称是自己开诚布公，邀请沃茨见证第十次经眼眶额叶切除术。沃茨却说自己无意中撞见了弗里曼，当场抓住了他。他还声称，弗里曼一如既往地无耻，被发现后只是耸耸肩。然后他让沃茨拿着冰锥，自己拍了几张照片。

无论如何，沃茨很愤怒，要求弗里曼立即停止在他们的办公室进行实验性脑部手术。这个要求非常合理，但弗里曼很生气，他们发生了激烈的争吵。在接下来的10年里，沃茨继续支持用精神外科手术治疗绝望病例，作为最后手段。但他不支持弗里曼的欺诈性额叶切除术。两人彻底闹翻，沃茨搬出了办公室。

一向友善的弗里曼并没有对沃茨的离开耿耿于怀。实际上，这是一件幸事。现在他可以自由地公开手术，他很快就开始实施自己的蓝图：成为精神外科的苹果佬约翰尼（Johnny Appleseed）[1]，将额叶切除术推广到全美各地。

弗里曼一直很喜欢夏季的公路旅行——跳上汽车，在美国的公路上驰骋。在完善了经眼眶额叶切除术之后，他决定把每年的旅行与工作结合起来。那时他的婚姻多少已经破裂，部分是因为他的工作狂习惯。（他经常在天黑后回家，独自在厨房里吃一顿伤感的晚餐，然后服用一些巴比妥类药物让自己入睡——第二天早上4点起床，继续工作。）1946年夏天，没有什么能让弗里曼待在家里，他开始辗转于不同的精神病院，培训其他医生做额叶切除术。有传言说，弗里曼把旅行中使用的汽车称为"额叶切除车"——并不属实，但可能只是他没想到而已。[2]他喜欢开不敬的玩笑，并在信中称旅行为"猎首探险"。

---

1 苹果佬约翰尼，原名约翰·查普曼（John Chapman，1774年—1845年），美国西进运动中的传奇人物。他在宾夕法尼亚等地种植苹果，并生产苹果酒。——译者
2 除了"额叶切除车"这个名字，关于弗里曼的不实传言还有：他一度失去了医疗执照；他用镀金的冰锥做额叶切除术；他后来疯了。这些都不是真的。

弗里曼的一天通常是这样的：凌晨时分在某个露营地起床，驱车三四个小时前往农村精神病院。在参观完医院后，弗里曼可能会做一个演讲[1]，然后是午餐。接下来就是表演时间——确实是表演。

医院把大约6个病人排成一排，弗里曼会沿着一排床位走过去，挨个做额叶切除。他曾经用双手在黑板上绘图，发明了一种双手额叶切除术，两只手上各有一把小剑。弗里曼声称这种双管齐下的额叶切除术节省了时间，可能确实如此，但他也在向随行的医生和记者炫耀。他甚至会中途抬起头来，像格劳乔一样咧嘴

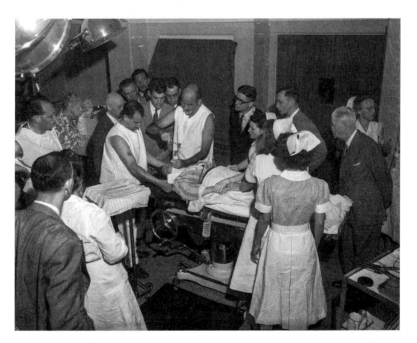

1949年，在人群的注视下，沃尔特·弗里曼医生通过患者的眼窝进行了经眼眶额叶切除术，注意他赤裸的手臂、头和脸（MOHAI提供，《西雅图邮报》收藏，1986.5.25616）

1　弗里曼最喜欢的演讲故事之一是他在脑外科手术时与病人的对话。由于大脑没有神经末梢，医生可以在病人感觉不到疼痛的情况下对其手术。事实上，医生通常希望病人在手术中保持清醒和交谈，这样就可以监控他们，确保自己没有切到任何重要的东西。一次，弗里曼和病人聊天，问他那一刻脑子里在想什么。"一把刀。"那人回答。弗里曼觉得这很搞笑。

笑，来回晃动小剑，仿佛它们是调皮的眉毛。目击者回忆说："我以为看到的是马戏团表演……那么快乐，那么兴奋，那么活跃。"他还喜欢让人失去知觉。当弗里曼把小剑从眼窝刺进去的时候，一位老医生昏了过去——这位医生曾在第一次世界大战期间在史上最血腥的战场当过军医。弗里曼也在高中讲课，并经常播放额叶切除术的影像，让一半的学生头晕目眩。他后来开玩笑说，他比弗兰克·辛纳特拉（Frank Sinatra）更让青少年倾倒。

和往常一样，弗里曼也遇到了一些意外。感染比比皆是，而且他经常割破血管，不得不阻止大出血。他还喜欢在手术过程中拍摄病人的照片，以记录手术中的情况，而小剑还没有拔出来。在爱荷华州的一次手术中，弗里曼一松手，重力就占了上风，把小剑埋入患者的中脑。该男子在无意识中死亡。

虽然偶尔有几起死亡事故，但精神病院的院长还是嚷嚷着要把弗里曼请过来。毫无疑问，许多人是真心想帮助他们的病人，但在他们公开谈论把病人送回家可以节省多少钱时，很难不怀疑他们的动机。有人算过，如果额叶切除术在全国范围内推广，精神病院里的人可以减少10%，每天为美国纳税人节省100万美元。

精神病院之旅为弗里曼赢得了广泛的声誉——随之而来的媚俗媒体报道也实现了相同的效果。一些记者将额叶切除术称为"灵魂手术"，结果，潜在病人的信开始涌向弗里曼在华盛顿的办公室。大多数信件来自悲惨而不幸的人，他们将额叶切除术视为过上正常生活的最后机会。更奇怪的要求也出现了。一个人问，额叶切除术是否可以治愈他的哮喘。另一个人要求弗里曼对他的灵缇犬进行额叶切除术，这样它在赛场上就不会胆怯了。

在喧嚣中，弗里曼从未停止工作。有一次，他一天内做了二十几例额叶切除，到了晚上，他的手常常会酸痛。然后他离开精神病院，在路上某个地方吃晚餐，在下一个营地服用一些巴比妥类药物就睡着了。有一年夏天，他的前臂骨折都没影响到他。即使在1950年轻微中风之后，他在1951年加倍努力，在那个夏天走了11 000英里——那时还没有州际公路系统，没有漂亮而平坦的辽阔土地。多年来，他总共为3 500人做了额叶切除手术，并吹嘘自己"从华盛顿到西雅图一路留下了一串黑眼睛"。

"猎首探险"让弗里曼名声大噪，但他从未因此发财。他自掏腰包支付旅行费用，但对大多数精神病院只收取每位病人20美元（相当于今天的220美元）的医疗费，而且经常免费工作。此外，他还坚定地走访贫困地区和农村地区，帮助真正被忽视的人。其中包括南方的黑人社区，即穷人中最穷的人。长期以来，他一直倡导黑人医生加入专业医疗团体的权利，甚至为此而争吵。一个令人惊奇的巧合是，他还试图说服阿拉巴马州塔斯基吉的一些有远见的医生，希望在一家退伍军人医院进行大量额叶切除术，因为附近没有黑人神经学家，也没有白人神经学家愿意照顾这些病人。当时，塔斯基吉梅毒研究正在进行中，如果弗里曼如愿以偿，20世纪最受诟病的两种医疗实践就会在这个不幸的小镇相遇。但全国性的退伍军人组织禁止了额叶切除术，使他的计划落空。

弗里曼对穷人很慷慨，但对那些有支付能力的人却很贪婪。在芝加哥，他曾为一场额叶切除手术收费2 500美元（相当于今天的27 000美元）。在伯克利的另一次事故中，他在现场观众面前做手术时割破了一条血管，看着他的病人血流不止。他当即宣布："我们有麻烦了！"他确实有麻烦了。颅压开始危险地上升，快速的神经测试（用钥匙沿着病人的脚底刮擦，测试脚趾弯曲反射）表明病人的右侧突然瘫痪。但弗里曼没有把注意力放在病人身上，而是跳起来离开了手术室，在等候室里敲诈她的丈夫。他索赔1 000美元，以弥补他刚才造成的混乱。弗里曼得到了1 000美元，回到手术室，从包里拿出类似于自行车打气筒的东西，开始向眼窝的洞里注入生理盐水。片刻之后，深红色血块开始渗出。弗里曼重复了几次抽水和冲洗，观众已经目瞪口呆，而他始终和平常一样欢快地聊天。最后，渗出的深红色变得稀薄，然后变成粉红色，最后变得透明。弗里曼注射了一些维生素K以促进凝血。最后，钥匙又在病人的脚上拖动了几次，直到脚趾蜷缩起来。总之，没有造成任何伤害。

虽然这个事故令人不安，但这一时期弗里曼真正的科学罪恶在于态度的转变。詹姆斯·沃茨这样的神经外科医生将额叶切除术限制在最紊乱的病人身上，而且只作为最后的手段。[1]弗里曼一开始也是以同样的方式看待它。但随着时间推移，他的名气越来越大，他开始将这种手术作为预防措施来推广。也就是说，他开始在患者患有精神疾病的早期就推动额叶切除术，为那些被送进精神病院仅仅几个月的人做手术。即使在当时，医生们也知道，这些人往往在一两年后会自己好起来，他们的预后并不可怕。弗里曼对这些数字不屑一顾，认为精神外科手术比等待更安全。为什么不把事情扼杀在萌芽状态，让人们尽快回家？他甚至开始对儿童做手术，有些儿童只有4岁。原本作为最后手段的手术已经成了第一道防线。

由于弗里曼孜孜不倦地培训医生，美国每年进行的额叶切除术从1946年的500例增长为1949年的5 000例。而在1949年秋天，一个意外的消息将这一手术推向了更高的高度。

回到1939年，一个精神病人闯入埃加斯·莫尼斯在葡萄牙的

---

1 除了莫尼斯方法（酒精注射、用金属丝圈切割）和弗里曼的方法（用钝刀切割组织、冰锥穿透），其他几位外科医生也发明了自己的额叶切除术，包括冷冻脑组织、燃烧脑组织、用电或辐射轰击脑组织，以及用吸管吸出脑组织——弗里曼令人难忘地将其描述为"吸尘器在一盘意大利面条上启动"。

办公室，向他开了5枪。莫尼斯活了下来，但由于痛风和高龄，他或多或少地退出了研究，只能让弗里曼等人推广精神外科手术。尽管如此，莫尼斯还是像以前一样不折不挠地为自己争取荣誉。20世纪40年代末，他再次要求同事（包括弗里曼）提名他为诺贝尔奖候选人。仅在1949年，他就获得了9项提名，并在这一年的秋天最终获奖。他因此比历史上任何一个莫尼斯都更著名。

回过头看，诺贝尔奖是对精神外科的最后一声欢呼。虽然批评还不至于太激烈，但对手确实继续攻击弗里曼的"猎首探险"，不过由于没有更好的可替代的治疗方案，他们的批评没有得到任何支持。无论多么不完美，弗里曼都在试图解决真正的问题——即便是糟糕的解决方案，人们也趋之若鹜，而不是坐以待毙。最终击垮精神外科手术的根本不是伦理学，而是$C_{17}H_{19}ClN_2S$，一种叫氯丙嗪（chlorpromazine）的化合物。

法国医生最先用氯丙嗪治疗休克，到1950年，他们给精神病院的囚犯服用氯丙嗪，取得了奇迹般的效果。那些被关在软垫牢房里几十年，一直在喃喃自语的人，突然可以坐起来谈话了。一些医生摸索着将氯丙嗪比作"化学额叶切除术"，但实际上这种药物要好得多。它是第一种真正的抗精神病药物：这种化合物不仅使人麻木（如巴比妥类药物），还能真正缓解他们的症状。简言之，它把囚犯变成了人。历史上很少有药物能产生如此大的社会影响。在氯丙嗪上市的头10年里，有5 000万人服用了它，其他抗精神病药物（如锂）也很快跟进。沃尔特·弗里曼曾经梦想经眼眶额叶切除术能清空世界各地的精神病院，而氯丙嗪确实做到了。不久后，西方社会最臭名昭著的特征之一，困扰着每座城市的"贝德莱姆"几乎消失了。

弗里曼起初很赞赏氯丙嗪，甚至给病人开了处方。但可耻的是，当这种药物开始与额叶切除术竞争时，他就转而反对它，成为其批评者。的确，氯丙嗪并不完美。弗里曼反复指出，这种药物并没有解决精神疾病的根源（大脑功能），只是缓解了症状。事实上，许多人在服药期间仍然会产生幻听和幻觉，只是这些已经不再困扰他们了。此外，这种药物有明显的副作用：增重、黄疸、视力模糊、皮肤发紫，以及类似于帕金森症的颤抖障碍。

最令人痛心的是，氯丙嗪并不能帮助人们应对精神失常之后的生活。当病人恢复理智时，他们往往不知道现在是哪一年。有个人记得的最后一件事是在第一次世界大战期间冲进敌人的战壕，而这是几十年前发生的事情，然后他基本上只是眨了眨眼，醒来时就变成了老人。当人们离开精神病院来到现实世界时，他们发现自己的配偶已经再婚，自己的技能已经过时，社会已然毫不回头地前进。即使在今天，我们仍然在应对这些药物的后果。部分是因为这些药物，精神疾病的庇护所不再流行，许多曾经被收容在精神病院的人（无论好坏），现在都被关在监狱里，或者不得不在街上自生自灭。

但总而言之，抗精神病药物带来的好处多于坏处，挽救了数百万生命。除了社会影响之外，这些药物还改变了我们对大脑运作方式的理解。退回到莫尼斯等科学家将大脑视为配电盘的时代，用额叶切除术切断故障的"电线"似乎是合理的。抗精神病药物的出现改变了我们的想法。氯丙嗪通过影响神经递质发挥作用，神经递质是大脑中传递信息的化学物质。因此，科学家开始将大脑视为化学工厂，而心理健康治疗的作用就是纠正化学失衡。

总的来说，氯丙嗪对精神病学的影响不亚于抗生素对传染病学的影响和麻醉对手术的影响。这种药物出现得非常突然，而且它永远地把治疗分成"之前"和"之后"。如果氯丙嗪和类似的药物没有被发现，我们今天可能仍然在有限的基础上做"额叶切除手术"——再强调一次，问题需要解决办法，无论多么不完美。

但是药物被发现了，对于沃尔特·弗里曼之外的大多数医生，在不完美的药物和"冰锥切除术"之间做选择，简直太容易了。

埃加斯·莫尼斯于1955年平静地死去，他认为自己是名副其实的莫尼斯，是人类的恩人，他对自己双重身份的遗产充满信心。沃尔特·弗里曼不幸地年轻了20岁，他活着见证了自己成为弃儿。

在氯丙嗪出现后，弗里曼"手术优先"的态度被认为是野蛮的。他的个性傲慢好斗，使以前的盟友都反对他。20世纪50年代中期，他逃离华盛顿特区，前往北加利福尼亚州，希望有一个新的开始。他甚至剃掉了标志性的胡须，销声匿迹了一段时间。但考虑到他的名声，那里的精神病医生不愿意向他转诊，他也很难找到新的病人来做手术。

相反，弗里曼花越来越多的时间追踪他从前的病人。他为了与他们聊天支付了巨额的长途电话费，并追踪了一些远在澳大利亚和委内瑞拉的病人——以及奇怪的州立监狱的病人。从这些谈话中，他收集了大量数据，并购买了一台最先进的IBM打孔卡计算机来整理数据。和莫尼斯不一样，弗里曼很认真地对病人做回访。

然而，无论听起来多么科学，弗里曼的研究还是过于草率和道听途说，没什么价值。首先，他的研究从来不包含对照组——**没有**做手术的精神病患者，以便与额叶切除术的患者进行比较。没有这样的对照组，关于额叶切除术的优势就毫无意义，因为他的手术病人有可能在没有进行额叶切除术的情况下自行改善，甚至可能表现得更好。此外，鉴于人类总是倾向于以最有利的方式解释数据，我们有理由怀疑弗里曼这样的理论家在呈现结果时是否客观。

弗里曼在1967年做了最后一次额叶切除,当时他已经72岁了。这位患者实际上是他在华盛顿的办公室里做过的最初十个病例之一,这是她第三次接受额叶切除,因为前两次没有真正起效。可悲的是,弗里曼又割破了血管,看着她失血过多而死。不久之后,他的手术权限被取消了。

和莫尼斯一样,弗里曼转而巩固自己的遗产——这在当时是一项艰难的任务。弗里曼很坚持对病人做追踪,一个原因是他可以利用他们转移批评的注意力。他在谈话中总是提到,他的一些病人已经恢复了富有成效的生活,成为律师、医生和音乐家,其中包括底特律交响乐团的一名成员。当奇闻逸事不能给人留下深刻印象时,他就开始虚张声势。1961年,在他死于结肠癌之前11年,弗里曼出现在一个医学会议上,推广儿童的额叶切除术,他忍受了观众席上一些医生的尖锐言论。这时,被激怒的弗里曼伸手拿起身边的一个盒子,将里面的东西撒在桌子上。里面有500封节日信件,来自充满感激的额叶切除术患者,这些人仍在与他保持联系。"你从**你的**病人那里收到了几张圣诞贺卡?"他质问道。这是个有影响力的时刻,但你会好奇他为什么把盒子放在那里。他是否怀疑这次会议有特别大的敌意?他是否一直带着这个盒子,希望能把它用上?还是说他把它当成一剂安慰,是抵御责难的道德盾牌?不管怎样,这一刻是纯粹的弗里曼:大胆,戏剧化,直到最后还在挑衅。

第九章

欺诈

女超人

所有人都为安妮·杜坎（Annie Dookhan）感到高兴。她在波士顿附近的一家疫苗实验室做质量控制，是那里工作最努力的人。她大多数时候在黎明时分到达，经常到了晚上才关掉实验室的灯。她从不午休，经常在假期带着文件工作。除此之外，她还通过哈佛大学的兼职课程获得了化学硕士学位。她曾向同事坦白，几年前，她因为缺钱被迫从哈佛大学本科肄业，在一所州立大学修完了学位。因此，获得哈佛大学硕士学位给她非常美好的感觉——特别是她以创纪录的时间完成了学业，只用了一年。为了庆祝，实验室为她举办了派对，并悬挂了横幅，上面写着："祝贺你，安妮！"

唯一的问题是，一切都是谎言。杜坎从来没有在哈佛上过课，无论是研究生课程还是其他课程。哈佛大学甚至没有提供化学方面的兼职课程。杜坎编造了这一切，希望因此能够在公司里快速晋升。

不幸的是，她的策略失败了，公司拒绝让她晋升。愤怒之余，她篡改了自己的简历（省略了哈佛大学，但谎称自己已经在另一所大学修了一半的硕士学位），并在2003年开始寻找新工作。没过多久，附近一家为法庭案件检测药物的政府实验室聘用了她。

在这之前，25岁的杜坎已经说了很多谎话。但她在实验室的工作台上一直很尽职：没有证据表明她在疫苗公司有任何欺诈行为，而这一点即将改变。

大多数人走捷径是出于懒惰，但安妮·杜坎一直很努力。

她在特立尼达和多巴哥共和国长大，20世纪80年代末随父母移民到波士顿，当时她大约11岁。后来她就读于著名的波士顿拉丁学校，在那里练田径，甚至尝试过跨栏，尽管她的身高只有4英尺11英寸。她在这方面很糟糕，但教练对她的勤奋感到惊讶。

杜坎在波士顿拉丁学校理科成绩优异，后来她声称自己以最优等的成绩从该校毕业，尽管学校并不授予这种荣誉。她还谎称自己的父母都是医生。这些琐碎的谎言一直持续到大学，然后延续到疫苗公司和药物实验室。她为自己编造了精心设计的头衔，如"化学和生物恐怖主义的待命主管"和联邦调查局的"行动特工"。

无论多么令人反感，到目前为止，这些谎言并没有伤害任何人。但是，小的谎言有一种积累的势头，事情很快就发生了黑暗的转折。

杜坎所在的实验室负责鉴定警方在突击搜查中查获的毒品。有些是块状的纯毒品，有些是用发酵粉和婴儿配方奶粉混合成的小批量毒品，被分成袋装或锡纸方块在街上出售。由于许多毒品看起来很相似，警察会把它们放在实验室，杜坎和她的同事将通过一系列测试来鉴别它们。

第一轮测试叫"推定测试"，毒品分析人员从中得知他们正在处理的毒品的大致类别。其中一项测试是向未知粉末添加甲醛和硫酸。如果样品变成红紫色，它就是阿片类药物；如果变成焦橙色，它就是安非他命。其他化学剂可能会使毒品变成绿色或蓝色。

假设药剂师已确定是阿片类药物。然后她会做第二轮"确认测试"，将结果缩小到一种特定的毒品。确认测试是，取少量未知样品，将其溶解在液体中，然后通过机器进行分析。已知的阿片类药物（如吗啡、海洛因、芬太尼）在同一次测试中进行了相同的分析。然后机器会输出几种图形——相当于每份样品的条形码。然后将未知样品的条形码与已知样品的条形码进行比较，药剂师就可以确定所涉及的确切毒品，并通知警方。

和全国各地的药物实验室一样，波士顿实验室也有大量的样品要测试。到2003年，积压的样品已经激增至几千件，存放未检测样品的步入式保险箱被塞得满满当当，以至于在里面走路都是一种安全隐患。但随着杜坎的到来，情况有所好转。她很快就脱颖而出，成为这里最勤奋的药剂师（第一个到，最后一个走），也是速度最快的。第一年，她检测了9 239个毒品样本，是其他9名药剂师平均检测量的3倍，超过了实验室总量的四分之一。人们称她为"女超人"，这种赞美让她容光焕发。在给与她合作的检察官的电子邮件中，她吹嘘自己对实验室来说多么不可或缺。

但私底下，她却把这种赞美当成止痛剂。2004年，她遇到了一位来自家乡特立尼达和多巴哥共和国的工程师，并与他结了婚。不久，她怀孕了。但第一次怀孕以流产告终。（后来又经受了一次流产。）每次流产都让她极为悲痛，并给她的人际关系带来了巨大压力。

杜坎的上司劝她通过休假来调节，杜坎没有这么做，而是在实验室的工作台上花了更多时间，以此来掩盖痛苦。她对老板说："我有巧克力和工作，这是我处理问题的方式。"第一次流产后的一年，她的速度比以前更快，检测了11 232个样品，几乎是第二名的2倍，是实验室平均水平的4倍。杜坎最终生下了一个残疾的儿子，这在一定程度上减缓了她的步伐，但她仍然年复一年地领先于她的同事。他们中的大多数会一次性检测24个样品，但杜坎会检测60个或72个，有一次甚至检测了119个。

然而，她的同事逐渐对她女超人般的步伐产生了怀疑。部分

毒品分析师安妮·杜坎（《波士顿先驱报》提供）

怀疑是基于常识，世上怎么会有人工作得这么快？还有一些间接线索。一次，同事发现杜坎没有校准她的秤——保证准确的重要步骤，比如27.99克和28.00克毒品之间的差别意味着几年的刑期。同事们还注意到，尽管杜坎记录了所有测试，但她似乎从未真正使用过显微镜。与之相关的问题是，她似乎没有产生足够的垃圾。在"晶体测试"中，药剂师将未知的毒品与载玻片上的液体混合，很快就会形成晶体。不同毒品会产生不同形状的晶体，药剂师通过显微镜来识别。每次测试都需要一块干净的载玻片，以避免污染。所以根据测试的数量，药剂师每个月都应该用掉一定数量的载玻片。杜坎并非如此，同事们偷偷看了她的弃物箱，发现里面空空如也。

杜坎同事的怀疑是正确的。虽然不清楚具体从什么时候开始，但她正在进行大规模的欺诈。她没有真正做测试，而是对样品进行"干实验"[1]——简单看一眼，猜测它们是什么。

杜坎利用了实验室工作流程中的一个漏洞来逃避惩罚。出于监管链的原因，所有毒品样本都有"控制卡"，记录毒品何时被查获，警方认为毒品是什么，等等。这是良好的警方程序。问题是，杜坎这样的药剂师可以接触到控制卡，因此可以看到警方怀疑是什么毒品。无论如何，允许药剂师看到这些信息是个坏主意。暗示不可避免地使人产生偏见，使人倾向于某些结论，从而远离其他结论。然而，杜坎直接利用了这个缺陷，把警方的猜测作为她的全部"分析"。如果他们说是海洛因，那就是海洛因。没有大惊小怪，没有小题大做。

公平地说，杜坎总是会测试未知的样品——那些缺乏控制卡信息的样品，因为她会盲目地猜测。她还对大约五分之一的样品进行了全面测试，以确保万无一失。但除此之外，她跳过了所有麻烦的化学过程，只是简单地盖上橡皮图章，以保持她的数量领先。同样糟糕的是，她会在证书上签字，声称已经做了测试，并将这些证书提交给警方。这些证书是法庭审判中的证据，所以她实际上一次又一次地做了伪证。

在许多情况下，杜坎的"干实验"并没有造成实际的差别：警察通常知道他们查获的是什么毒品。因此，即使跳过测试违反了嫌疑人的正当程序权利，但最终的判决可能会是一样的。不过也有例外，杜坎正是在这里滑向了真正的罪恶。

实验室有两轮测试。通常，杜坎做第一轮，另一位同事做第二轮。有时，第二轮——涉及机器的那一轮——会与杜坎的最初

---

1 科学中有"干实验室"（Dry Lab）和"湿实验室"（Wet Lab）的说法。干实验室主要是通过电子设备进行实验，相比之下，湿实验室会用到更多化学试剂。——译者

猜测相矛盾。在这种情况下，需要重新做一次测试。但杜坎不承认她出了错，因为这可能损害她女超人的声誉，相反，她会偷偷溜走，找到她最初声称的毒品的纯样本，并重新提交测试。然后，机器就会给出"正确"的结果。换句话说，为了掩盖欺诈行为，她开始伪造证据。

结果，无辜的人进了监狱。一名男子因携带肌醇被捕，肌醇是一种作为保健品出售的白色粉末。杜坎以可卡因的罪名将其定罪。在另一起案件中，吸毒者试图实施一个相当愚蠢的骗局，将腰果碎片卖给酒鬼朋友，称这是强效可卡因。结果那个酒鬼是卧底警察。但这只是腰果，没什么大不了的。让该男子目瞪口呆的是，杜坎在法庭上宣誓说情况正好相反。关于她的测试，他后来说："我知道她在撒谎。不可能，腰果怎么可能变成强效可卡因？"

并非所有人都因为杜坎的伪证进了监狱，程度较轻的毒品犯罪者往往不会。但毒品定罪的后果不只是牢狱之灾，还可能会被驱逐出境，被解雇，被踢出公共住房，可能会失去驾照，失去看望孩子的权利。如果再次出现在法庭上，你就成了惯犯。

至于为什么要危害这么多人的生活，杜坎从未给出过令人满意的解释。不过，她的言行确实提供了一些暗示。首先，杜坎似乎很喜欢抓捕毒贩。她经常与当地检察官保持不恰当的友好关系，并给他们写电子邮件，恳求把坏人"清出街道"。一位检察官提出在一家高级酒吧请她喝酒。另一位检察官因与杜坎的调情邮件被公开而不得不辞职。有一次，她征求一名检察官的意见，问她是否应该回应一名辩护律师的请求，为其当事人的案件提供帮助。

杜坎也面临着巨大的压力。心理学研究表明，压力可能会诱使人们走捷径，做出不道德的行为。考虑到实验室的大量样品积压，每个人都面临着处理样品的巨大压力。使问题进一步加剧的是，杜坎多次流产，在家里很不开心，除了父母，她没有家人，而且她住在丈夫的大家庭中，这绝不是一件容易的事。这些不是借口，但长期的压力会耗尽我们的精神耐力，降低对他人的同理心。鉴于她混乱的精神状态，杜坎可能更容易忽视一种可能性：她的欺诈行为正在破坏人们的生活。

特别是当这种欺诈为她赢得赞誉时。有些人撒谎是为了操纵他人，有些人撒谎是为了获得物质财富。杜坎想要科学上的荣耀——她喜欢被称为"女超人"。她在疫苗实验室的上司也猜测，她的移民身份和有色人种女性身份可能是一方面原因。这位上司是黑人，他说："我了解在美国成为少数族裔的感受。我认为这种经历坚定了她的决心，她要证明自己同样优秀，甚至更加优秀。"

通常情况下，这种决心是很健康的，将推动人们取得更多成就，打破刻板印象。但杜坎没有**通过努力获得**荣誉，她追求的是没有基本成就的虚荣。这实际上是科学欺诈者的通病。他们追求的不是知识，而是奖项和声望——科学的幌子，而不是科学本身。但是，在光学或鸟类学等领域进行欺诈是另一回事。杜坎是在法医实验室里，其他人的自由受到了威胁。

可悲的是，杜坎并不是孤例。几十年来，在世界各地的实验室中，有数十名法医科学家被揭露为骗子或假冒者。事实上，对批评者来说，杜坎的例子只是加强了一种观念：法医科学本身就是一种欺诈。

在美国，法医科学的起源可以追溯到第四章的帕克曼谋杀案，当时哈佛医学院的医生利用专业解剖学知识抓住了约翰·怀特·韦伯斯特。在接下来的几十年里，法医学扩展到纵火调查、枪支弹道学和所谓的"印痕分析"——研究指纹、咬痕、脚印、飞溅的血迹等。到20世纪中叶，法医学在法庭上获得了稳固的地位，并被视为一种理性、客观的方法，取代了之前占主导地位的武断、腐败的警察工作。

不幸的是——我并不想让谋杀谜案的追随者们失望——许多法医科学往好里说是参差不齐，往坏里说是彻头彻尾的骗局。在2009年的一份令人震惊的报告中，美国国家科学院概述了法医科学的几个突出问题，首先是其在大多数领域缺乏科学依据。法医科学并不以实验和分析为基础，而仅仅是用科学术语修饰过的直觉的集合。因此，不同的法医专家经常从同一样品得出截然不同的结论。该死的是，同一位法医专家有时会在不同的时间对同一样品得出截然不同的结论，取决于事先是否提到被认定的嫌疑人有罪或无罪——这有力地证明了偏见推动分析。

同样有害的是缺乏谦逊的态度。从个人经验来说，让科学作家抓狂的是科学家从来不正面回答任何问题，他们总是对自己的声明加以修饰，对其他的解释附加免责声明，即使是在证据看起来特别可靠的时候。相比之下，许多法医专家——特别是在法庭上做证时——喜欢夸耀自己完全确定。他们声称可以将毛发纤维或咬痕百分之百地与某人匹配，并且百分之百准确。他们投射出无懈可击的光环[1]，以虚张声势的方式应对任何质疑。

需要明确的是，并非所有的法医科学都是垃圾。毒理学和病理学有坚实的基础，国家科学院的报告特别指出DNA分析是值得信赖的。这些领域有严密的基础，并依赖于有根据的实验室测试。就DNA分析而言，它可以可靠地将特定生物样本（如血液或精液）

---

1 法庭律师非常熟悉"CSI效应"——由于流行文化的影响，非专业人士对法医科学有不合理的期望。但律师对CSI效应有助于被告还是原告存有分歧。一些非专业人士认为法医科学无懈可击：他们敬畏法医科学，并将专家所说的一切视为福音。这对原告有利。另外，由于《犯罪现场调查》（CSI）中的技术人员每次都能得到完美的结果，当现实生活中的科学家无法达到这种精确度时，一些陪审员会感到失望，认为这些结果毫无价值。这种态度则有利于被告。（还有一种情况仅仅是出于无知。主审法官曾无意中听到一位陪审员抱怨，在某一案件中，警察"甚至连草坪上的指纹都没有打扫"。）

与特定的个人联系起来。DNA分析人员也常常承认不确定性，在他们的结果中附加概率。但大多数法医学领域并不符合这些基本准则。

自国家科学院发表报告以来，指纹分析和枪支弹道学领域已经改善了草率的做法，并转向科学的有效性。如果从业者能正确分析证据并表现出一点谦逊，即使较差的法医科学也能为其他证词增加分量，并补充整个案件，从而在现代警务工作中找到一席之地。在那之前，被告将继续受苦。据估计，"虚假或误导性的法医证据"占美国所有错误定罪的四分之一，而一些法医学科的记录甚至更差。在一项研究中，联邦调查局得出结论，在涉及纤维毛发样本的案例中，法庭上的证词有90%都是"错误的"。

法医毒品分析在哪里适用？在有效性方面，它更接近于DNA之类的东西。毒品测试是可靠且可重复的，如果执行得当，它将是刑事案件中一个坚实的组成部分——如果执行得当。

杜坎的垮台始于一个惊人的巧合。2001年，波士顿警察逮捕了一个在凯马特超市外贩毒的男人，路易斯·梅伦德斯－迪亚兹（Luis Melendez-Diaz），并把他拖上巡逻警车。在路上，警察注意到梅伦德斯－迪亚兹在后座扭动。出于怀疑，警方在记录之后搜查了这辆车，发现他身上有几袋可卡因，已经被丢弃在后排的隔板里。

警方碰巧把这些袋子送到杜坎即将入职的实验室。从各方面看，样品都得到了适当的处理，没有任何古怪之处。负责的药剂师签署了三份证书，指出这些毒品是可卡因。这一证据有助于对梅伦德斯－迪亚兹的定罪。总而言之，案子很轻松。

不过，梅伦德斯-迪亚兹的律师提出了一些新颖的论点。《宪法第六修正案》规定，"被告应享有……在法庭上与对他不利的证人对质的权利"。这一般指**目击证人**，即实际看到犯罪行为的人。但梅伦德斯-迪亚兹的律师认为，法医分析人员也应该亲自做证。在本案中，由于实验室的药剂师只提交了证书，而没有出庭，律师认为应该取消定罪。

经过上诉，此案于2009年上诉至最高法院。最高法院以5票赞成、4票反对的裁决打破了通常的党派分歧（露丝·贝德尔·金斯伯格加入了安东尼·斯卡利亚和克拉伦斯·托马斯的多数派），认定梅伦德斯-迪亚兹的律师是正确的：科学分析人员必须出庭做证，从而使被告有质疑他们的机会。这在一定程度上是程序正义问题。斯卡利亚法官指出，与证人对质的权利对我们的公平审判概念至关重要，因此分析人员必须出庭，"即使他们有居里夫人的科学敏锐度和特蕾莎修女的虔诚"。但斯卡利亚也怀疑，药物实验室中并非所有人都是居里夫人或特蕾莎修女。他想，一些分析人员可能是不称职的，甚至是骗子，在这种情况下，"交叉盘问的熔炉"会使他们暴露出来。在写下判决时，他可能已经想到了安妮·杜坎。

现在，有很好的（而且在我看来是令人信服的）证据来反对这一裁决。但结果是，像杜坎这样的法医毒品分析人员不得不定期出庭做证。

那么，盘问是否如斯卡利亚预测的那样暴露了杜坎？几乎没有。她继续在证人席上撒谎。杜坎最终在法庭上做证150次，都是在宣誓的情况下。在所有150起案件中，她都没有受到任何惩罚。被吹嘘为"熔炉"的交叉盘问未能发现法医科学史上最恶劣的欺诈行为。

不过，做证的要求确实有助于以一种迂回的方式揭露杜坎。

尽管她和其他分析人员在证人席上的时间很少超过20分钟，但他们经常不得不在法院浪费整个上午或下午的时间，坐在那里等待案件来临。杜坎每在法院待一个小时，就失去了在实验室工作的一个小时。因此，她的测试数量急剧下降。在梅伦德斯－迪亚兹的裁决之后，她在2009年最后6个月里花了92个小时做证，并努力在那一年"只"完成了6 321个样品。其他分析人员的数字也在下降，平均约为2 000个。

但问题出现了。在接下来的一年里，其他药剂师的数字仍然很低，杜坎的却没有。不管是夸张还是马虎，她在2010年花了202个小时在法庭上做证，却声称已经处理了10 933个样本——实验室平均水平的5倍，几乎与她在梅伦德斯－迪亚兹之前的高峰期一样多。

这个时候她的同事真正开始起疑，他们开始追踪杜坎在显微镜前的时间，并检查她的弃物箱。大约在这个时候，他们还发现杜坎在不同机器上跳过了重要的校准检查，大概是为了节省时间。更糟糕的是，她被发现在一些文件上伪造了另一位同事的姓名缩写，以掩饰跳过步骤的事实。实际上，一些同事后来怀疑，她的违规行为如此明目张胆，是不是主动想被抓？

最后，一位药剂师向主管举报了杜坎。令他沮丧的是，主管对他嗤之以鼻。主管承认，也许杜坎有时会草率行事，但她在家里承受了很大压力，这可能影响了她的判断。此外，鉴于做证的新要求，恐怖的积压案件每月都在增加，实验室现在不能失去他们的女超人。这位心存怀疑的药剂师也向当地科学联盟报告了自己的担忧，但没有得到任何进展。据称，工会的律师让他撤回报告，以免毁了一位年轻女科学家的职业生涯。总而言之，主管和工会都放了杜坎一马。

尽管如此，杜坎还是受到了正式指控。一个马虎的错误终结了她的职业生涯。

前面说过，实验室有一个步入式的证据保险箱，用于储存待测试的毒品，样品的进出需要严格签字。随着她越来越无所顾忌，杜坎开始在未签字的情况下提取样品，违反了监管链的规定。2011年6月的一天，她被发现拿出了90个未签字的样品。然后她试图掩盖自己的错误，再次在日志中伪造同事的姓名缩写。不幸的是，这位同事当天不在实验室。当被问到日志以及她是否违反了规定时，杜坎很模棱两可地说："我知道你为什么会这么想。"

即便如此，杜坎的上级也没有惩罚她。事实上，他们竭尽所能地掩盖了监管链违规。然而，马萨诸塞州州长办公室在12月得知了违规的消息，并指派州监察长进行调查。在调查过程中，该实验室的其他一些不严谨做法也被曝光，包括安全性差和对新药剂师培训不足。（后来的调查发现了更令人震惊的问题，包括旧案例的药片散落在实验室里。一位主管的办公桌抽屉里有几个试管，其中一个有1983年的标签。）到2012年夏天，州警方出于对证据完整性的担心，接管了实验室。两天后，杜坎的同事们向新来的主管透露了对她的怀疑。

当时，由于监管链违规的严重性，杜坎已经从实验室辞职。她还没有因为"干实验"的数万份样品而面临任何后果。直到2012年8月底，两名警探敲开了她家的门。

他们在杜坎的客厅里坐下来和她聊天，起初她否认了一切。但警探们是有备而来的，他们把伪造的日志和校准报告放在她面前。这时，杜坎说："我完成了工作，但没有恰当地完成工作。我没有遵循程序，这是不对的。"换句话说，她承认违反了一些技术规则，但声称自己在科学方面站得住脚。

在问讯过程中，杜坎的丈夫回到家，把她拉到另一个房间。他问她是否需要律师，她向他保证一切正常——又是一个谎言。

然后她回到客厅，继续接受问讯。

警探问她是否曾经做过"干实验"，杜坎又变得模棱两可。你认为这个词是什么意思？她问。当他们解释时，她否认了："我永远不会造假，因为这关系到别人的生命。"警探用更多的证据来回应。前面提到过，杜坎有时会猜测毒品，例如可卡因，但随后的机器测试发现这是海洛因或其他物质。这种情况下，她会从另外的样品中偷一点可卡因，并重新提交给机器测试，以"证实"她的第一个说法。在几个案例中，警探再次找出原始样品进行测试，并确定是海洛因。这就是她伪造结果的有力证据。

很快，泪水在杜坎的眼眶里打转。她试图淡化自己的欺诈行为，坚持说她只做过几次"干实验"。警探进一步追问，她终于崩溃了。"我搞砸了，"她说，"我做得很糟糕。"

杜坎最终承认犯了27项伪证罪、篡改证据罪和妨碍司法罪。她的认罪也使马萨诸塞州的整个法律系统陷入混乱。由于杜坎不记得哪些样品是她做过"干实验"的，哪些是实际测试的，她在职业生涯中处理过的所有36 000个案件现在都有嫌疑。州立法机构不得不拨出3 000万美元来处理这些后果。一个法律组织估计，仅通知所有受影响的人就需要16名律师助理工作一整年，更不用说让他们上法庭了。上诉蜂拥而至，马萨诸塞州法院最终推翻了21 587项定罪，是美国历史上此类案件中规模最大的一次。

解雇肯定是对"腰果－可卡因犯罪"的温柔报复，他们一直知道实验室女超人是骗子。（波士顿街头的人们开始谈论"被杜坎"。）但还有其他问题。

无论你对美国永无止境的毒品战争——以及所有被卷入这场战争的相当无害的人——有什么看法，至少这21 587名被告中有些是暴力犯罪者。由于杜坎，他们突然获得了自由。至少有600名罪犯被释放出狱或被撤销指控，其中84人出狱后又犯下更多罪

毒品分析人员安妮·杜坎因科学史上最广泛的欺诈行为之一而被捕。被捕后，她哭着说："我搞砸了，我做得很糟糕。"（《波士顿先驱报》提供）

行。其中一人在毒品交易失败时谋杀了别人。另一人因涉嫌持有武器而被捕。被捕后，他笑着说："多亏了安妮·杜坎，我才得以出狱，我爱这位女士。"

2013年11月，一名法官判处杜坎3至5年监禁。相比之下，贩运1盎司（1盎司=28.35克）海洛因会被判处7年监禁。考虑到她罪行的规模，判决的轻微程度让许多人感到沮丧。一位州议员说："你离开的时候会觉得这真的不够，3到5年是不够的。"事实上，杜坎甚至没有服满3年刑期，她在2016年4月出狱，重获自由。

安妮·杜坎并不是唯一因不法行为而被捕的法医科学家。在过去的20年里，类似的丑闻爆发于佛罗里达州、明尼苏达州、蒙大拿州、新泽西州、纽约州、北卡罗来纳州、俄克拉何马州、俄勒冈州、南卡罗来纳州、得克萨斯州和西弗吉尼亚州。悲哀的是，在这一连串事件中，至少有三起死刑案件中存在歪曲或隐瞒法医证据的情况。

无能也是一个持续存在的问题。有人发现，犯罪实验室将证据留在漏雨的屋顶下或不安全的走廊里。其中一个实验室是由警察管理的，他们的大部分科学训练来自维基百科。令人痛苦的是，马萨诸塞州在杜坎被捕后不久再一次蒙受损失。该州阿默斯特实验室的一名药剂师被发现在工作中蘸取冰毒、可卡因、氯胺酮和摇头丸的样本，并在做测试时嗑药。在出庭做证之前，她还在法院的卫生间里吸食了强效可卡因。

然而，杜坎的欺诈行为因其胆量和规模脱颖而出。在某些方面，很难相信她能逍遥法外这么久。在其他方面，这一点也不奇怪。我们的文化把科学家放在神坛上：人们倾向于认为这些人把正直和真理看得高于一切。我们愿意相信他人，而科学家和其他人一样容易被同事欺骗。记住，杜坎的上司收到了关于她的举报，但迟迟未采取有意义的行动。事实上，专业魔术师曾经说过，科学家往往比普通人更容易被愚弄，因为他们对自己的智慧和客观有过度的信心。世上的杜坎们只是利用了这个事实。

的确，绝大多数科学家值得我们信任。但无论如何划分，科学欺诈并不罕见。每年都有数以百计的科学论文被撤稿，尽管不知道确切数字，但其中大约一半是因为欺诈等不当行为。即使大名鼎鼎的科学家也有过违规行为。同样，谴责过去的人没有达到今天的标准是不公平的，但历史学家指出，伽利略、牛顿、伯努利、道尔顿、孟德尔等人都操纵过实验或伪造过数据。这些事情如果放在今天，任何有良心的实验室都会解雇他们。

欺诈等罪行侵蚀了公众的信任，损坏了科学的最大资产——

声誉。不幸的是，随着我们的社会变得越来越技术化和科学化，这些问题只会更糟：令人兴奋的新科学事业会带来新机会，让我们对彼此做错事。但也并不是没有希望。我们将在结论中看到，有真正的、经过验证的方法可以遏制和减少这种滥用行为。

结 论

　　新的科学突破几乎总是带来新的伦理困境，目前的技术也不例外。太空探索将带来哪些新的杀人方式？当廉价的基因工程遍布全球，谁将遭受最大的痛苦？先进的人工智能会造成怎样的伤害？（关于这些问题的部分答案，请参阅附录。）戴上黑胡子并策划假想犯罪的好处是，设想这些行为本身可以帮助我们预测和预防未来的犯罪。我们也可以马上做一些事情——在此时此地促进伦理科学，避免陷入我们在本书中遇到的道德泥沼。

　　首先，尽管听起来很基础，但科学家在设计实验时应该努力将道德放在心上。这不需要说教，也不烦琐。2012年的一项心理学研究已证明，即使简单的提示也能起到很大作用。

　　在该研究中，志愿者通过解决数学问题赚钱，分数越高，现金就越多。然后，真正的实验开始了。心理学家告诉志愿者，他们必须填写一份纳税表来报告他们的奖金，还可以使用第二份表格申请报销差旅费。为了鼓励诚实，志愿者必须在每份表格的方框中签字，承诺已经准确报告了所有信息。但表格是不一样的，一半的表格签名框在页面顶端，意味着志愿者在填写任何数据之前必须发誓自己是诚实的。而另一半的表格签名框在页面底端，是最后填写的。猜猜看哪种布局更容易让人撒谎？那些在底端签字的人，在填写完所有数据后，少报奖金和多报差旅费的可能性是另一组的两倍。真实世界的实验也有类似趋势。心理学家还与一家提供即付即用费率的保险公司合作，基本上，行驶里程越少，保费越低。心理学家要衡量人们在表格上报告里程数的诚实程度。再一次，一半人在顶端签字，一半人在底端签字。在底部签名的人，平均每辆车少报告了2 500英里，差异为10%。

总的来说，心理学家认为，在任务开始时就考虑道德问题会使人们的行为更诚实，并抑制他们捏造事实的冲动。（这可能解释了为什么法庭在做证前而不是做证后让证人宣誓。）此外，在我们撒谎之后，从某种意义上说已经来不及补救了。人们非常擅长用本书中提到的心理技巧来合理化自己的不良行为：使用委婉语掩盖真相，用好的行为抵消坏的行为，将自己与做更坏事情的人比较，等等。在底端签署表格也使懒惰成为可能，你可能会为自己的谎言感到痛苦，但你现在必须回去更改所有的答案——说真的，有这个必要吗？无论听起来多么愤世嫉俗，道德的一个重要作用就是使人们更容易做到遵守道德。

签署一个小方框显然不会神奇地消除所有科学罪恶。（它会说什么？**我在此发誓，不做令人毛骨悚然和虐待性的事，以免有一天会被人写成一个章节，上天保佑。**）没有人能阻止真正有恶意的人。但在大多数情况下，对大多数人而言，从一开始就考虑道德问题会促使人们反思，减少灾难发生的可能性。为此，获得诺贝尔奖的心理学家丹尼尔·卡尼曼（Daniel Kahneman）提出了"事前验尸"的概念。在更为熟悉的"事后验尸"中，人们在事后检查一些事件，看看哪里出了问题。而在"事前验尸"中，你要对可能出现的问题进行头脑风暴，并在开始之前就要这么做。具体来说就是，整个项目会如何变成一场灾难？研究表明，即使十分钟的反思也有助于消除趋同思维，让人们有机会表达疑虑。一些团队甚至故意给人们分配提出反对意见的工作——魔鬼代言人的角色——以确保至少有一些不同意见。按照同样的思路，科学家可以通过收集来自真正不同群体的意见来克服自己的盲点，这些人可能会提出他们忽略的问题。这当然包括不同种族、性别和性取向的人，也包括在非民主国家和农村地区长大的人，在蓝领家庭长大的人或者宗教人士。思维越多样越好。

另一个牢记伦理的方法是（呃）阅读科学史。听到一些教务长按喇叭说"要有道德！"是一回事；让自己沉浸在关于违法行为的故事中，真正感受到坏事带来的痛楚则是另一回事。这就是为什么故事如此强大——它们能流传下去。我们还必须坦诚，善意并不是挡箭牌。约翰·卡特勒在危地马拉的初衷是善意的，即找到阻止梅毒和淋病的方法。但他仍然肆意地让人们感染性病，并杀死了几个人。沃尔特·弗里曼在传播精神外科方面的初衷是善意的，即救济绝望的精神病人。但他仍然对成千上万不需要的人进行了额叶切除手术。我们都知道通往地狱的道路是由什么铺就的。[1]

同时，也许是最困难的事情，不要把卡特勒或弗里曼描绘成怪物，这也很重要，因为我们太容易把怪物视为无关紧要的东西。（**我不是怪物，所以我不必担心。**）如果我们对自己诚实，我们中的任何一个人都可能落入类似的陷阱。也许不是在上述的具体案例中，也许没有那么恶劣。但我们也可能做过不道德的事情，在某个地方，以某种方式。坦率地承认这一点是最好的警惕。正如卡尔·荣格所说，每个人的内心都潜伏着一个邪恶的人，只有认识到这一事实，我们才有希望将其驯服。

1　英语中有句谚语：通往地狱的道路是由善意铺就的（The road to hell is paved with good intentions）。——译者

许多人轻率地认为，更聪明的人更开明、更有道德，如果有什么说法的话，事实恰恰相反，因为聪明人认为自己足够聪明，可以躲过追捕。回到汽车的类比：拥有智慧的人就像拥有马力十足的巨大引擎，可以更快地达到目标，但如果方向盘（道德）出了问题，失事的概率会大大增加。道德帮我们驾驭生活，防止我们一开始就走上了危险的道路。

本书中详述的犯罪不应该破坏世界各地的科学家在实验室中日复一日所做的不可思议的工作，他们绝大多数都是可爱的、无私的人。多亏了他们揭示的所有奇迹，如果没有他们，我们的社会将更加贫穷——无论是物质上还是精神上。但科学家终归是人，就像海盗威廉·丹皮尔一样，他们对自己的研究越来越痴迷，对暴行视而不见。就像古生物学家马什和科普一样，他们试图阻挠对手，最后却毁了自己。

阿尔伯特·爱因斯坦曾经说过："人们说是智力造就了伟大的科学家。他们错了：是品格。"我承认，很久以前第一次看到这句话的时候，我嗤之以鼻。谁会在乎一个科学家是不是心地善良？有所发现才是最重要的。但写完这本书之后，我明白了。在一个层面上，科学是关于这个世界的事实的集合，增加这个集合确实需要发现。但科学也是更宏大的东西，它是一种心态，是一个过程，是一种对世界进行推理的方式，使我们能揭露一厢情愿的想法和偏见，并用更深刻、更可靠的真理替代它们。世界如此广阔，没有办法亲自检查和验证每个报告的实验。在某些时候，你必须相信其他人的说法——这意味着这些人需要是可敬的，需要是值得信任的。此外，科学本质上是一个**社会**过程。结果不能保密，它们必须被更广泛的社会所验证，否则科学根本无法发挥作用。鉴于科学是深刻的社会过程，通过削减人权或忽视人类尊严来损害社会的行为最终几乎总是会让人付出代价——破坏人们对科学的信任，甚至破坏科学的前提。

这一切都意味着诚实、正直和严谨——品格的基石——对科学至关重要。因此，实验室里有条不紊、兢兢业业的人，检查每个假设并确保所有人充分同意的人，会比那些不屑一顾或认为这种事情不值一提的知识分子做得更好。在这个意义上，爱因斯坦是对的：没有品格，科学就注定要失败，不道德的科学家往往会产生坏科学。

这一点尤其正确。因为自"二战"以来，科学意味着权力——不仅仅是像核弹那样大而明显的权力。它还包括日常互动，比如心理学家操纵实验室里的人，或者医生恳求病人参加有问题的药物试验。小错误仍然会毁掉生命。

无论人类在未来是什么样子——是半仿生人，还是生活在冥王星上，或者重新混合了蜥蜴的DNA——我们的后代仍然是人，很可能像历史上的人一样行为不端。正如心理学家所说，未来行为的最佳预测指标是过去的行为。当然通常来说，爱因斯坦比我们其他人看得更远，智力也是好的。不过鉴于科学所拥有的权力，只有智力是不够的。爱因斯坦所说的品格是防止科学滥用的最好保障，而科学的这两个重要方面——智力和品格——能否在未来共存，还有待观察。

附录
未来的犯罪

这篇附录有点像大杂烩：混合了各种故事和假设情景。但共同的主题是新技术可能带来的未来的犯罪。无论是太空探索、先进计算机，还是基因工程，人类社会正在发生巨大的变化——每个新进步都会带来新的做坏事的方法。

1970年7月，北冰洋中部发生了人类历史上最棘手的凶杀案之一。19名美国科学家和技术人员驻扎在一座漂浮的冰岛上，这座岛屿大约有曼哈顿那么大。他们是一群灰头土脸、嗜酒如命的人，7月16日，唐纳德·"波奇"·莱维特（Donald "Porky" Leavitt）从电子专家马里奥·埃斯卡米拉（Mario Escamilla）的拖车上偷走了一壶自制的葡萄干酒（原文如此）。

从各方面来看，波奇是个危险的酒鬼：为了抢别人的酒，他有时会用切肉刀攻击别人。因此为了自保，埃斯卡米拉拿了一把步枪，然后冲过去与他对峙。埃斯卡米拉不知道，这把步枪有问题，一旦被撞就容易走火。

埃斯卡米拉在附近的一辆拖车上发现了莱维特，他正大口大口地喝着葡萄干酒、Everclear酒和葡萄汁混合而成的酒，味道非常难闻。与他在一起的是气象专家本尼·莱特西（Bennie

Lightsy），他也喝醉了。在激烈的争吵之后，莱特西跟随埃斯卡米拉回到他的拖车。埃斯卡米拉让莱特西离开，用步枪朝他做了个手势——不小心撞到了门。子弹正中莱特西的胸部，几分钟后他因失血过多而死。

这时，真正的混乱开始了——法律上的混乱。这座小岛远在任何国家的领海之外，而且只是暂时存在（它将在20世纪80年代中期融化），所以它不是主权领土。海洋法也不适用，因为该岛不能通航。虽然听起来很疯狂，但一些法律学者认为那里**没有**法律适用。他们质疑是否有国家有权审判埃斯卡米拉。做了犯法的事却不用承担任何后果，地球上这样的地方为数不多，他似乎就是在这样的地方杀了人。

T-3"冰岛"营地，1970年发生了历史上最棘手的凶杀案之一（美国地质调查局提供）

最后，美国法警逮捕了埃斯卡米拉，把他带回弗吉尼亚州接受谋杀罪的审判。为什么是弗吉尼亚？一个不太严谨的原因是，他们的飞机在杜勒斯机场降落的第一个地点位于弗吉尼亚州。（埃斯卡米拉穿着他仅有的鞋子出庭——一双黑色北极橡胶靴。）由于步枪有问题，他最终被无罪释放，但该案的随机性和特殊性使所有有价值的法律问题都没有得到解决。即我们应该如何处理无人区的犯罪？法律界基本上放弃了，将埃斯卡米拉案视为只有一次的反常现象。但实际上并非只有一次。[1]

在莱特西之死的前一年，人类首次被火箭送上月球。此后，人类航天事业有所停滞，但在22世纪，人类几乎肯定会在月球或火星建立第一个基地。而人类肆无忌惮地走到哪里，犯罪就会跟到哪里。

1967年《外层空间条约》（*Outer Space Treaty*）中的一个条款确实要求各国在太空中监督本国公民，这在宇航员极少的情况下是可行的。但如果有数千人或数百万人进入轨道，就不可行了。想象一下：在一艘由中国–比利时企业联合拥有的，总部设在卢森堡（为了避税）的飞船上，德国女人用巴西制造的毒药毒死了刚果男人。该怎么办？或者不考虑太空飞船。一些公司已经准备开采小行星了。如果一个太空矿工在小行星上用石头砸了别人的头怎么办？当遥远星球上的人们开始生儿育女，其中一些人一生都不会踏足地球，那么地球上的法律就会显得特别无力。

更疯狂的是，太空探索也引入了新的杀人方式。以山核桃饼干为例。

在轨道上吃东西与在地面吃东西完全不同。你必须从塑料袋里啜饮食物，因此一次只能吃一样东西。在微重力环境下，你的脸会因液体而膨胀，这会导致鼻塞，使你闻不到香味，因此，轨

---

1 在另一个冰冷的无人区——南极洲，已经发生了数量惊人的犯罪事件。1959年，在南极洲的一个研究基地，两名苏联工作人员因为下棋而发生争吵，最终一个人用斧头杀死了另一个人。（据报道，此后苏联基地禁止下棋。）1983年，一名疯狂的阿根廷医生烧毁了他的研究站，以此为胁迫，才换来撤离和提前回国。1996年，一名美国厨师在一场争执后用锤子的羊角残害了另一名厨师。最后，在2018年的一个俄罗斯基地，一名工程师用刀刺伤了一名焊工的胸部——据报道，要么是因为焊工侮辱了工程师的男子气概，给钱让他在桌子上跳舞；要么是因为焊工一直剧透工程师正在阅读的书，他终于忍不住了。（如果是后者，我必须说我站在工程师一边。）

不过，在某些方面，南极洲并不是很好的类比。到目前为止，所有的罪行都只涉及一个国家的公民（例如，一个俄罗斯人攻击另一个俄罗斯人），而那里的基地被视为主权领土。不过，从法律上讲，违法者可能会对他们的被捕和监禁提出异议，因为严格来说，南极洲没有法律。

道上的食物吃起来味道变淡了，仿佛你感冒了一样。（这就是为什么虾仁鸡尾酒在宇航员中很受欢迎，因为他们可以真实品尝到鸡尾酒酱中辣根的味道。）在太空中做饭也很奇怪，液体和蒸汽在失重状态下不会彻底分离，所以气泡不会上升到沸水表面并逸出。相反，整锅水会立刻开始冒泡。失重也阻止了对流的形成，所以烤箱不太好用。[1] 最奇怪也最酷的是，太空中的火焰是奇怪的球形，所以在太空中烤棉花糖才是真正有趣的事。

但是，在太空吃东西最大的麻烦是碎屑，它们不会无害地掉到地板上，而是会飘浮起来，形成由颗粒和斑点组成的烟雾，会致命地堵住空气过滤器——或者肺。很久以前，宇航员就出于这个原因而发誓不再吃有碎屑的山核桃饼干。但是邪恶的面包师可能会送出一包致命的干燥点心，甚至在点心上撒面粉或其他粉末。只要咬上一口，就无法呼吸了。

太空也提供了其他新奇谋杀的神秘细节。失重是身体系统的地狱——对于关节、眼睛、骨头，只要你说得出来。如果让全体宇航员在轨道上停留多年（也许是通过官僚主义的阴谋），就可以有效地导致他们残疾。最可怕的潜在衰竭涉及免疫系统，免疫系统会逐渐退化，失去原有的功效。还有，平时无用的微生物可能崛起并征服我们的自然防御。例如，一些宇航员已经出现了疱疹病毒的突然发作，这些病毒会导致唇疱疹和水痘。如果你秘密地让地面上的宇航员感染一些外来病毒或真菌，然后把他们送上太空足够长时间，让他们的免疫系统崩溃，他们就很容易死亡。

1　2020年年初，国际空间站的宇航员实现了里程碑式的进步，他们烘焙了外太空的第一种食物——巧克力饼干。（宇航员通常会加热食物，但从来没有真正烘焙过东西。）实验之前有人猜测，由于失重状态下的对流和热交换的奇怪现象，饼干会变成球形。遗憾的是，情况并非如此，饼干是平的。但有一个惊喜，宇航员将特制的零重力烤箱调至300华氏度，这在地球上可以在20分钟内烤好饼干，在太空中则需要2个小时。令人失望的是，考虑到美国国家航空航天局如今过于谨慎，该机构甚至不让宇航员吃这些饼干。相反，这些饼干被密封起来，并被送回地球做进一步研究，以确定它们是否可以安全食用。想象一下，连续几个月只能吃太空食品，终于闻到了浓郁新鲜的味道，却被人抢走了！太没有人性了。

这类似于早期艾滋病患者经常死于机会性感染，而免疫系统正常的人不需要担心。

无论多么令人振奋，太空中的谋杀只是将旧的犯罪转移到新环境。但随着行星殖民地的出现，全新的犯罪类型也会诞生。考虑到在其他地方生存需要大量劳动力，当地政府可能会禁止游手好闲，要求人们工作或做别的事情。反过来，人们也可能向政府要求新的权利。在谈论地球上的法律权利时，我们通常指的是言论自由、公平选举，等等。鉴于其他星球的恶劣条件，太空拓荒者需要先确保马斯洛需求中层次较低的东西，比如获得氧气的权利。为了心理健康，他们还可能要求与地球自由交流的权利。甚至还可能有娱乐和致幻物质的权利。想象一下，火星上的一些朋克抹去了整个殖民地的音乐、电子书和全息视频，让他们没有办法放松。或者销毁人们在周末服用的温和的麻醉剂，这些麻醉剂的作用是应对持续不断的、逐渐逼近的死亡威胁。这些行为在地球上是轻罪，但在火星上，可能会破坏整个殖民地的心理健康，毁掉任务。新环境，新犯罪。

太空中的刑事司法也会不一样。想象一下逮捕某人或者试图逮捕某人。在葡萄干酒杀人案中，美国法警花了整整两天时间，通过飞机和直升机到达那座冰岛。从地球到火星最快需要好几个月，向火星发送信息也需要20分钟。法医科学也会改变。我们已经看到了标准法医科学的缺点，简单地将地球上的法医学转移到其他星球是行不通的。考虑到新的重力、空气和土壤，灰尘样本和飞溅模式会有所不同，火焰将以独特的方式燃烧，尸体也会以不同的方式腐烂。如果尸体被放在户外，裸露的上半身会褪色和变得粗糙，像白色的牛肉干。同时，由于没有促进腐烂的微生物，被遮蔽的下半身可能保存得非常好。即使是火星上的自然死亡，22世纪的解剖学家可能会被诱惑去盗墓，窥视尸体内部，看看红色星球上的低重力如何改变人们的解剖结构。

　　一旦给人戴上手铐，审判就会带来全新的问题。在"冰岛"案件中，埃斯卡米拉的律师提出了一些棘手的问题，即在弗吉尼亚州审判他是否侵犯了他获得公平审判和陪审团的宪法权利。毕竟，该岛没有警卫部队，产权是用枪来维护的。而弗吉尼亚州郊区的人每天最担心的是交通问题，这里的陪审团是否能真正理解埃斯卡米拉面临的压力，并正确判断他的行为？对出生在其他星球的人来说，理解上的差距甚至会更大。十几个地球人怎么能公平地给出生在不同星球的人定罪？它们在哪些方面是同等地位的人[1]？

　　所以，太空殖民者也许应该把刑事司法掌控在自己手中。但这种方法也有缺点，把重刑犯关在太空监狱里多年，让他们消耗殖民地其他人需要的氧气和食物，这真的公平吗？也许殖民地应该采用中世纪的做法，处决所有罪犯，或者把他们流放到某个被遗忘的地方。但是，如果犯罪是管理发电厂的工程师，或者是殖民地唯一的医生，这种方法也会受到动摇。没有他们的专业知识，所有人都可能死亡。殖民地可能必须恢复强制劳动，因为他们不能让无用之人占用空气资源。这是个丑陋的选择，但在地球上并不像太空殖民地那样面临严峻的权衡。总之，没有简单的选择。

　　现在看起来，太空犯罪的问题可能很遥远。毕竟，大多数宇航员都完美得让人讨厌——拥有博士学位的老好人飞行员，每顿饭后都会使用牙线，体脂为负值。但是，太空中的第一起犯罪可能比你想象的更早发生。据媒体报道，2019年，一名正在办离婚手续的美国宇航员违背了妻子的意愿，利用国际空间站的计算机访问他分居妻子的银行账户，从而实施身份盗窃。（指控后来被撤销了。）2007年，美国国家航空航天局的一名宇航员嫉妒她前男

1　在英美司法系统中，陪审团（jury of peer）需要由与被告同等地位的人组成。——译者

友的新情人，据说给自己垫上尿布，拿起刀子、BB枪和胡椒喷雾，从休斯敦驱车1 000英里到奥兰多去绑架这位新欢。即使是老好人有时也会屈服于情绪，做出愚蠢的事情。

此外，随着太空旅行变得更加商业化，对殖民者的需求也在增加，能坐上火箭在其他星球定居的标准将降至低于国家航空航天局的水平，特别是对于那些在与世隔绝的地方工作多年的任务。回顾历史，欧洲强国一般都派不合群的人和底层人去殖民美洲，英国则把重刑犯迁居至澳大利亚。无论如何，殖民都是一种剥削，而派卑鄙小人去殖民，几乎保证了暴行的发生。

自半个世纪前的埃斯卡米拉案以来，一些有远见的法律学者一直对缺乏太空法律表示遗憾。但也许我们能做的并不多。我们无法预测所有新的罪犯，而且鉴于所涉及的超远距离，执行现有的法律是不可能的。更令人不安的是，太空殖民地的集中技术可能会更容易产生暴政。想象一下，太空监狱长降低牢房的氧气含量作为惩罚。或者想独裁者的人对整个基地采取同样的做法，使他们屈从于自己的意志。谈到太空中的危险，我们通常害怕的是严寒或窒息，但人将是最尖锐的危险之一。

犯罪有很多种表现形式，另一个前沿领域涉及计算机。

已经有窃贼利用谷歌街景踩点商铺和住宅。在未来，虚拟现实可以让他们从内部更彻底地侦察建筑物。他们还可以使用3D打印来复制珠宝、化石或其他文物的赝品，用它们调包原件，使发现盗窃的时间推迟数周或数年。

更大规模的盗窃案可以利用比特币等加密货币。加密货币为用户提供了隐私承诺，但每笔交易都必须通过计算机进行艰苦的加密和验证——这一过程被称为"挖矿"。挖矿通常不是由一台中央计算机处理，而是外包给成群的小型计算机，这些计算机可以从中赚一笔钱。坏人已经想出了如何劫持这些小型计算机，并窃取佣金。（这种骗局目前不适用于比特币，只适用于其他不知名货币。）坏人通过在合法程序中嵌入几行恶意代码来做到这一点。人们可以轻松地下载这些程序，然后该程序在后台运行，整天秘密地挖掘加密货币。挖矿结束后，傀儡计算机获得了佣金，这些钱被转入坏人的银行账户。这不仅盗窃了计算机所有者赚的钱（无论多么不知不觉），还侵犯了他们的隐私，增加了电费，使他们的硬件退化。恶意挖矿程序在网上的成本只有35美元，但一项研究发现，犯罪分子在4年半的时间里赚了5 800万美元，每月超过100万美元。

更大的盗窃案可能即将发生。就像普通企业一样，新技术使犯罪分子能利用规模经济的优势。历史学家指出，在中世纪，幸运的强盗可以通过潜伏在繁忙的公路附近，一次性伏击6个人。到19世纪中叶，强盗可以在火车上一次抢劫250人。如今他们可以非法侵入数据库，窃取数百万的数据。在未来，如果量子计算成为现实，量子计算机的强大能力甚至会使超级计算机相形见绌，并使目前的网络安全失去作用。坏人可以轻而易举地抢劫数亿个账户。

聪明的罪犯也会利用所谓的智能技术。他们可以通过远程打开烤箱或炉灶来引发火灾。他们可以劫持自动化建筑机器，将致命的结构缺陷植入建筑物，或留下只有他们知道的安全漏洞。他们可以将自动驾驶汽车转向路边的人群，或者锁上所有车门，把一家五口扔下悬崖。不那么夸张的是，银行劫匪可以在抢劫后让自动驾驶车辆塞满整个社区，并制造交通阻塞来阻止警察的追捕。甚至你的身体也可能被侵犯，成千上万的人已经拥有心脏起搏器、脑刺激仪和胰岛素泵，它们通过无线网络通信技术或蓝牙连接到互联网，使医生可以监测病人的病情，并在需要的时候把他们拉回健康状态。入侵其中一个系统，就能随意杀死某人。更狡猾的是，可以向医生提供假数据，掩盖所有危机迹象，直到为时已晚。

然后是最强大的新技术——人工智能。计算机科学家将人工智能系统描述为"脆弱的"：它们能很好地执行某些功能，但不是很灵活，容易崩溃。当计算机必须解释视觉数据时，故障尤其常见。在停车标志上添加贴纸，会导致自动驾驶车辆误读标志并冲过去。同样，使用无人机将假的车道线投射到路面会导致这些汽车突然转向，撞上迎面而来的车辆。（研究者在这里是想说明问题，不是为了作恶。）更微妙的是，你可以用"对抗性噪声"来迷惑人工智能，即在数字图像的1和0中插入看似随机的像素。就像在不稳定的频道上播放音乐一样，人类仍然可以不费吹灰之力地破译噪声图像，它看起来像树懒之类的东西，只是更加模糊。但计算机目前缺乏"高水平"的意识，无法穿透视觉上的混乱，而增加的像素让它们感到困惑。许多医院已经使用人工智能来筛选皮肤肿瘤的图片，因为计算机比人类皮肤科医生更准确。但如果你在某人的扫描仪中添加适当的视觉噪声，计算机可能会错判一个恶性肿瘤，从而有效地将这个人判处死刑。

良性痣（左）。当"对抗性噪声"（中）以数字方式添加到该图像的计算机文件中，其结果在人眼中看来是一样的（右）。但是，人工智能程序会被迷惑，突然将最右边的图片归类为恶性（这些对抗性攻击来自哈佛医学院的塞缪尔·芬莱森博士）

或者，如果你想完全走肥皂剧的路线，那么性爱机器人杀手如何呢？机器人管家即将问世，日本的老人已经在使用陪伴机器人来避免孤独和提供简单的护理。性爱机器人似乎是顺理成章的下一步。事实上，一些公司已经在销售简单的性爱机器人。这些机器人将在人们最脆弱的时候与其互动——在这种情况下，我们有理由相信有人会非法侵入机器人系统，使机器人伤害人类。

更疯狂的是，如果机器人故意犯罪怎么办？以前，计算机只能听从程序的命令。但是有了人工智能，计算机可以学习新的行为并以不可预见的方式行事。想象一下，编程团队希望最大化机器人与人类相处的时间，由于知道所有人都是不同的，该团队可能会告诉机器人改变其行为，并尝试新事物。这一切似乎都很合理——除非机器人从逻辑上推断出，它可以通过消除竞争和谋杀家里的狗来垄断主人的时间。你会去追究程序员的责任吗？他们并没有命令性爱机器人这样做。你会把机器人扔进监狱吗？这样你就很快会进入《银翼杀手》(Blade Runner) 的世界。

如果性爱机器人憎恶你，那就准备好迎接更糟糕的情况。历史上没有一个操作系统能经受住所有的破解尝试。总有一个弱点——运行我们身体的操作系统也是如此。入侵DNA才是终极黑客。

20世纪70年代末，萨克拉门托附近的警探意识到他们手中有一个连环杀手。DNA证据最终把十几起谋杀案、50起强奸案和120起盗窃案指向了一个人——所谓的"金州杀手"。但40年来，他的身份仍然难以捉摸。

2018年，警察向一个不寻常的来源寻求帮助——在线家谱。像Ancestry.com和23andMe这样的大众基因测试公司允许人们以文本文件的形式下载他们的原始基因数据。然后人们可以将数据上传至第三方家谱网站，这些网站为他们提供工具，以更复杂的方式分析DNA。但这些第三方网站并不像主流公司那样有隐私限制，这意味着外界可以访问这些数据。包括警察。

从2018年开始，萨克拉门托的警探开始在这些数据库中寻找金州杀手。也许他足够愚蠢，或者足够无耻，将自己的DNA上传到其中一个数据库，可惜没有匹配的结果。这似乎是另一条死胡同。但在深入调查之后，警探们确实找到了一些接近的匹配。他们突然意识到，他们正在调查杀手的亲属。这是重要的线索。

有了这些信息，警察利用出生证明和其他公共记录建立了家谱树，然后在家谱树上寻找一个20世纪70年代住在萨克拉门托的男性。他们最终锁定了一名前警官，约瑟夫·詹姆斯·迪安杰洛（Joseph James DeAngelo）。在接下来的几个月里，他们秘密地从他身上搜集了两份DNA样本。一份来自他的车门，因为触摸物体往往会留下皮肤细胞。另一份来自路边垃圾桶里的纸巾。据报道，该DNA与杀手的DNA完全吻合。总而言之，这是出色的侦探工作。

不过，这确实引起了人们对基因隐私的担忧。警方可能在没有搜查令的情况下采集了迪安杰洛的DNA。此外，迪安杰洛的亲属从未允许执法部门使用他们的基因数据。现在，很难对被指控的连环杀手表示同情，但基因数据泄露的后果远不止一个案例。想象一下，你的母亲、兄弟姐妹或失散多年的表亲（一些你从未见过的人）在网上发布了他们的DNA。基因侦探就可以窥探你和你的家人，揭露你过去的收养情况和外遇情况，窥视你对疾病的易感性。骚扰、敲诈和歧视都有真实的可能性。随着基因测试变得越来越普遍，预计会有法律规定谁可以访问这些数据。有一天，DNA泄露的秘密可能会成为坐牢的理由。

即使对警探而言，基因技术的普遍性最终制造的案件会与它解决的案件一样多。根据金州杀手案，你的垃圾中充满了DNA，大部分来自皮肤细胞。理论上，一个流氓科学家可以收集、培养和重新编程这些皮肤细胞，把它们变回干细胞。然后干细胞可以转化为身体中任何其他类型的细胞，包括血液细胞和精子细胞。用点儿生物黑魔法，你就突然拥有了在任何犯罪现场植入任何人体液的能力，要么陷害某个人，要么制造怀疑，让真正的凶手逍遥法外。

基因工程也使卑鄙的新谋杀手法成为可能。除了同卵双胞胎，我们都有独特的DNA，包括独特的缺陷和弱点。因此，聪明的科学家可以设计出一种银弹病毒，即使在公共场所释放，也能瞄准并杀死一个人。

我们还可以让已经灭绝的生命形式起死回生，这是充满道德风险的想法。想想猛犸象，猛犸象的骨头和毛皮在西伯利亚比比皆是，那里的寒冷气候很好地保存了猛犸象的DNA。设想一下，把猛犸象的DNA拼接到大象的胚胎中，并将该胚胎植入大象的子宫。由此诞生的幼崽不是纯种的猛犸象。但它会很接近，有蓬松的皮毛和卷曲的象牙，还有一些关键的生理特征。那么，从功能上讲，我们可以很容易地复活猛犸象。

但我们应该这么做吗？猛犸象是群居动物——非常聪明，高度社会化。它们需要同伴，否则就会受苦。当然，我们最终可以养一大群猛犸象做伴。但第一只猛犸象会非常孤独，过着可怕的生活。以上是基于DNA顺利拼接和编辑的假设，但它很可能不顺利。如果出现严重的生理缺陷怎么办？我们愿意为了实验把事情推进到什么程度？

对于尼安德特人，道德上的反感会更强烈。虽然他们在流行文化中被誉为野蛮人，但最有力的考古证据表明，尼安德特人和人类一样聪明。根据他们的颅骨大小推测，他们的大脑可能比人类更大。他们还创造艺术、演奏音乐、制作工具、埋葬死者，并且可能有语言。人类和尼安德特人甚至在不远的过去还混种过，所以我们在基因上很相似。类似于猛犸象和大象，科学家可以将尼安德特人的DNA拼接到人类胚胎中，并将其植入人类子宫。9个月后，就会诞生4万年来第一个在地球上行走的尼安德特人。

但比起猛犸象更重要的是，尼安德特人可能和人类一样高度社会化。我们可以尝试在人类社会中抚养尼安德特人的孩子，但她真的能融入人类社会吗？也许她永远是"他者"。把这种复活称为犯罪似乎不太合适。从哲学上讲，存在总是优于不存在。但这在伦理上是值得怀疑的，如果出了错，这可能就是不必要的残忍。

这一连串的未来犯罪并不是反乌托邦的：这些潜在的罪行，没有哪一种是不可避免的。重要的是要认识到，我们当然也会从未来的技术中受益，而且往往受益匪浅——我们会消除疾病，把自己从繁重的工作中解放出来，打开思想、拓宽视野，等等。此外，科学技术也可以解决和预防犯罪，DNA技术可以侦破悬案，卫星可以帮助考古学家监测偏远的挖掘现场，以减少掠夺，并帮助救援组织揭露人口贩卖和现代奴隶制[1]。

说实话，上面提到的一些犯罪似乎有些牵强。（杀人的性爱机器人？）但未来似乎总是比预测更离奇。如果你在1900年告诉别人，今天的人会用一个个电子盒子从银行里偷现金，或者把前

1　目前，全世界有4000万人被奴役，该数据令人震惊，其中大部分在发展中国家的渔业、矿业和制砖业。虽然奴隶营可以很容易躲避地面上的监测，但无法躲避卫星。人工智能算法可以学习奴隶营的显著特征，并迅速通过卫星图像进行分析，以确定其位置。

女友的脸移植到报复性色情片中，那会显得相当疯狂。然而，这就是我们生活的世界。也许最严重的犯罪是我们无法设想的。想象一下，你可以通过时间旅行报复别人，或者拥有接入超级计算机的半机械大脑。

　　总的来说，我希望你认为这篇关于未来犯罪的概述是发人深省的，而且是有用的。思考人们如何滥用技术总是很有价值：我们无法防止所有的邪恶，但我认为，那些向世界释放新力量的人有道德责任，尽其所能减少他们造成的风险。我相信还有一些潜在的卑鄙行为被我忽略了。如果你能想到更多，请通过samkean.com/contact与我联系。最重要的是，感谢您的阅读……

致 谢

　　无论本书的故事多么吸引人，这本书并非只是为了有趣：也有很多痛苦需要被记录下来。因此，我想花一点时间来纪念几个世纪以来为了科学——和因为科学——而受苦的所有男女。毫无疑问，科学为我们提供了很多，科学家应该为他们的整体记录感到自豪。但是，科学可以，而且应该做得更好，受害者的故事应该被更广泛地了解。

　　在一本书的写作中，贡献者做的要比作者多得多，没有一大批人的帮助，我不可能完成这本书。有我坚定的经纪人里克·布罗德海德（Rick Broadhead），他总是在提供建议。还有我的编辑菲尔·马里诺（Phil Marino），他巧妙的建议塑造了我的手稿，使之熠熠生辉。在利特尔与布朗图书集团（Little, Brown and Company）内部和周围也有几十个人，包括莉兹·加斯曼（Liz Gassman）、德瑞·里德（Deri Reed）和迈克尔·努恩（Michael Noon）。没有他们，就没有你手中的这本书。

　　我也要感谢我的朋友和家人，我的父母简（Jean）和吉恩（Gene），他们一直是我最大的关注者和最好的销售代表。我的兄弟本（Ben）和他在华盛顿特区的伴侣妮可（Nicole），他们在疫情期间用屋顶啤酒使我保持清醒。我在南达科他州的姐妹贝卡（Becca）和她的丈夫约翰（John），他们的游艇照片让我嫉妒，但他们关于彭妮（Penny）和哈里（Harry）的照片总是让我振奋。还要感谢我在华盛顿特区和世界各地的新朋友和老朋友们，我迫不及待地想再见到你们。

我以前说过，一页纸上的几行字不足以表达我所有的感激之情，如果我在这份名单上遗漏了谁，除了尴尬，我仍然十分感激……